W0195042

Reinhard Abeln
Credo, Kreuz & Kirchenjahr

REINHARD ABELN

CREDO, KREUZ & KIRCHEN-JAHR

Glauben auf den Punkt gebracht

benno

Bibliografische Information der Deutschen Nationalbibliothek
Die Deutsche Nationalbibliothek verzeichnet diese Publikation
in der Deutschen Nationalbibliografie; detaillierte bibliografische
Daten sind im Internet unter http://dnb.d-nb.de abrufbar.

Besuchen Sie uns im Internet:
www.st-benno.de

Gern informieren wir Sie unverbindlich und aktuell
auch in unserem Newsletter zum Verlagsprogramm,
zu Neuerscheinungen und Aktionen.
Einfach anmelden unter www.st-benno.de

ISBN 978-3-7462-5226-1

© St. Benno Verlag GmbH, Leipzig
Umschlaggestaltung: Vogelsang Design, Aachen
Umschlagabbildung: © Kuppel der Sala Rotonda im Museum
Pio-Clementino der Vatikanischen Museen
Gesamtherstellung: Kontext, Lemsel (A)

Inhalt

Altar,
Kanzel,
Kurie –

die Kirche

Das Wort Kirche (vom griechischen „kyriakón = das, was zum Herrn gehört) hat eine doppelte Bedeutung. Kirche meint einmal das Haus Gottes, das Menschen aus Stein oder Holz gebaut haben. Sie ist der Ort, wo sich die Gläubigen treffen, um miteinander zu beten und Gottesdienst zu feiern. Zum anderen bezeichnet Kirche die Gemeinschaft aller Menschen auf der Welt, die getauft sind und an Gott glauben. In diesem Sinne ist Kirche als Volk Gottes zu verstehen.

Haus Gottes

Die Kirche ist das vom Bischof geweihte Gebäude, in dem sich gläubige Christen zur gemeinsamen Feier des Gottesdienstes versammeln. Hier ist ihnen Gott in besonderer Weise nahe. Was Christen „Kirche" nennen, heißt bei den Juden Synagoge, bei den Muslimen Moschee und bei den Buddhisten Tempel.

Glocken

Glocken hängen im Turm der meisten Kirchen. Sie rufen am Sonntag die Gläubigen zum Gottesdienst oder läuten zur Ehre Gottes bei Prozessionen oder hohen Festen. Früher warnten sie auch vor Feuer, Krieg oder drohendem Unwetter.

Altar

Der Altar ist der Mittelpunkt jeder Eucharistiefeier und steht an der wichtigsten Stelle in der Kirche. Er ist nicht nur der Tisch, an dem der Priester mit den Gläubigen das heilige Mahl feiert, sondern ein Symbol für Jesus Christus selbst, der der Herr und die Mitte der Kirche ist. Darum küsst der Priester zu Beginn und am Ende der Eucharistiefeier den Altar, darum verneigen sich die Ministranten – und die Gläubigen überhaupt – vor ihm, wenn sie an ihm vorübergehen.

Tabernakel

Der Tabernakel (lat. tabernaculum = Hütte, Zelt) ist ein kostbares Schränkchen in der Nähe des Altares.

In ihm wird das heilige (eucharistische) Brot aufbewahrt. Wenn wir am Tabernakel vorbeigehen, machen wir eine Kniebeuge, weil Jesus in diesem Brot gegenwärtig ist. Vielfach steht der Tabernakel auf einer kleinen Säule (Stele). Vor ihm brennt Tag und Nacht das ewige Licht.

Ambo

Der Ambo (griech. anabeino = ich steige hinauf) ist ein gut sichtbares und oft künstlerisch gestaltetes Lesepult im Altarraum der Kirche. Von dort aus werden die Lesungen aus den biblischen Schriften vorgetragen, das Evangelium verkündet und die Predigt gehalten.

Messbuch (Missale)

Bei der Feier der heiligen Messe liest der Priester aus dem Messbuch vor. Das Messbuch, das auf dem Altar liegt, enthält alle (gleichbleibenden und wechselnden) Gebete und Gesänge, die zum Gottesdienst gehören. Es wird auch Missale genannt. Mancherorts ist es ein sehr kostbares Buch mit schön gestaltetem Einband und feinem Papier.

Monstranz

Monstranz (lat. monstrare = zeigen) ist ein kostbares liturgisches Zeigegerät mit einem Glasfenster in der Mitte. Darin wird den Gläubigen Jesus in der Gestalt des heiligen Brotes gezeigt und von diesen verehrt. Am Fronleichnamsfest (Donnerstag nach Dreifaltigkeit) wird die Monstranz mit dem „wertvollen Gut" durch die Straßen getragen.

Taufbrunnen

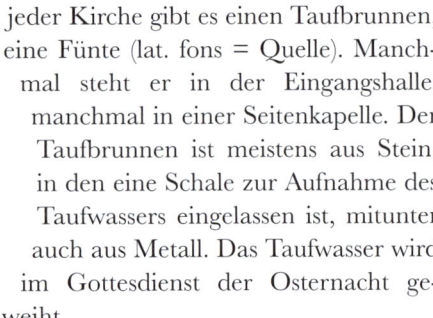

In jeder Kirche gibt es einen Taufbrunnen, eine Fünte (lat. fons = Quelle). Manchmal steht er in der Eingangshalle, manchmal in einer Seitenkapelle. Der Taufbrunnen ist meistens aus Stein, in den eine Schale zur Aufnahme des Taufwassers eingelassen ist, mitunter auch aus Metall. Das Taufwasser wird im Gottesdienst der Osternacht geweiht.

Apostelleuchter

Als Apostelleuchter bezeichnet man die zwölf Leuchter, die im Kirchenschiff verteilt angebracht sind und auf denen an besonderen Tagen Kerzen brennen. Diese zwölf Leuchter symbolisieren die zwölf Apostel, auf deren Fundament die Kirche erbaut ist. Die zwölf, die Jesus zu seinen engsten Mitarbeitern erwählte, sind die Ersten, von denen das Wort Jesu gilt: „Ihr seid das Licht der Welt."

Kreuzweg

Der Kreuzweg ist eine Darstellung des Leidens und Sterbens Jesu in 14 Bildern (Stationen). Er befindet sich fast in jeder katholischen Kirche, mitunter auch im Freien. Gelegentlich gibt es auch eine 15. Station: die Auferstehung Jesu. Gläubige Menschen beten den Kreuzweg, besonders in der Fastenzeit, indem sie von Bild zu Bild gehen und den Leidensweg Jesu von der Gefangennahme bis zur Grablegung betrachten.

Schutzmantelmadonna

In vielen Kirchen gibt es Bilder und Statuen von der Schutzmantelmadonna. Seit jeher haben Menschen Schutz gesucht unter dem Mantel Mariens: Männer und Frauen, Päpste und Kaiser, Gesunde und Kranke, Junge und Alte.

Orgel

Orgel (griech. organon = Werkzeug) ist ein Musikinstrument mit vielen Holz- oder Metallpfeifen. Sie begleitet die Lieder, die im Gottesdienst gesungen werden. Sie steht meistens im hinteren Teil der Kirche auf der Empore.

Sakristei

Sakristei (von lat. sacrare = heiligen, zu Gott gehören) ist ein Nebenraum der Kirche, in dem sich alle vorbereiten, die den Gottesdienst mitgestalten (Priester, Lektor, Ministranten). Außerdem befinden sich in ihr alle Gegenstände, die für den Gottesdienst gebraucht werden (Gewänder, Bücher, Kelche). „Chef" der Sakristei ist der Küster oder die Küsterin.

Volk Gottes

Kirche – das ist die Gemeinschaft aller Christen. Zu ihr gehören alle Menschen auf der Welt, die getauft sind und an Gott glauben. In Afrika, in Australien, in Indien, in Griechenland, in Polen, in Großbritannien, in Deutschland – überall leben Christen in Gemeinschaften (Gemeinden) zusammen und helfen einander, den Weg zu Gott zu gehen.

Auch Jesus hat nicht allein gelebt. Er hat sich Freunde gesucht und sie eingeladen, mit ihm zusammenzuleben. Seine Freunde haben anderen Menschen von dem Weg erzählt, den sie gehen müssen, um Gott zu finden. Viele Menschen haben sich ihnen angeschlossen. Sie nannten sich um das Jahr 70 zum ersten Mal „Christen", weil sie so leben wollten wie Jesus. Von der ersten Gemeinde in Jerusalem heißt es, dass sie „ein Herz und eine Seele" waren (Apg 4,32).

Heute leben ca. 2 Milliarden Christen auf der Welt – das sind ein Drittel der Weltbevölkerung. Sie sind in Europa sowie in Süd- und Nordamerika am meisten verbreitet. Unter ihnen leben über 1 Milliarde Katholiken (griech. katholon = zusammen, in eins, allgemein), davon rund 26 Mio. in Deutschland.

„Wir gehören nicht zur Kirche – wir sind die Kirche", hat Papst Pius XIII. (1939–1958) einmal gesagt. Alle Mitglieder einer Kirchengemeinde sind dem „Herrn gehörig". Sie sollen ihm in Gottesdienst begegnen und aus dem regelmäßigen Zwiegespräch mit ihm im konkreten Alltag verantwortlich leben und handeln.

Unter „Gottesdienst" versteht man das gemeinsame Beten und Singen der Gläubigen, die zusammengekommen sind, um Gott zu preisen und zu loben. Im Mittelpunkt aller gottesdienstlichen Feiern steht die heilige Messe, die Eucharistiefeier. Drum herum legt sich der Kreis der übrigen Feiern: Wortgottesdienste, Bußgottesdienste, Andachten, Prozessionen, Wallfahrten usw.

Der Leib Christi ist ein Bild von der Kirche als Volk Gottes. Auch wenn alle Glieder (Christen) verschieden sind, so sollen doch alle zusammenwirken. Alle sollen eins sein, wie der Leib ein Ganzes ist. Christus ist das Haupt des Leibes der Kirche. Mit diesem Haupt sind alle verbunden. Und vom Haupt geht alles aus, was die Kirche tut.

Die Struktur
der katholischen Kirche

Wie der Mensch ein Skelett braucht, das seinem Körper Halt gibt, so braucht auch die Kirche eine Struktur, um ihre Aufgaben in der Welt erfüllen zu können. Hier sind die wichtigsten Institutionen und Personen der katholischen Kirche:

Papst

Der Papst (griech. pappa = Vater) ist das Oberhaupt der katholischen Kirche. Gleichzeitig ist er der Bischof von Rom und der Erste aller Bischöfe in der Kirche. Als Nachfolger des heiligen Petrus trägt er die Verantwortung für die Katholiken auf der ganzen Erde. Der jetzige Papst heißt Franziskus, für den wir in jeder heiligen Messe beten.

Kardinal

Der Kardinal (lat. = Türangel, Dreh- und Angel-punkt) ist in der katholischen Kirche der höchste Würdenträger nach dem Papst und wird von diesem ernannt. Zugleich gehört er zu den engsten Mitar-beitern des Papstes in der Leitung der Kirche. Alle Kardinäle zusammen bilden das Kardinalskolleg-ium, das im Konklave den Papst wählt.

Römische Kurie

Die Römische Kurie (lat. curia = Amtsgebäude), auch der Heilige Stuhl genannt, ist die päpstliche Kirchenverwaltung in Rom. Sie umfasst alle kirch-lichen Behörden, durch die der Papst die katholische

Kirche leitet. Dazu gehören neun Kurienkongrega-
tionen (Ministerien), elf Päpstliche Räte, drei Ge-
richtshöfe und das Staatssekretariat als oberste Ku-
rienbehörde, über die der Papst mit den weltlichen
Regierungen im Kontakt steht.

Nuntiatur/Nuntius

Nuntiatur ist eine Botschaft des Papstes in einem
Land, zu dem der Vatikanstaat diplomatische Bezie-
hungen unterhält. Ihr Leiter ist der Nuntius (lat. =
Bote), der die kirchlichen Belange im jeweiligen Staat
vertritt.

Bistum/Bischof

Bistum oder auch Diözese (griech. dioikesis = Ver-
waltung) ist der Verwaltungsbezirk eines Bischofs.
Alle Bistümer auf der Erde (ca. 2 770) bilden zusam-
men die Weltkirche. In Deutschland gibt es 20 Bistü-
mer und sieben Erzbistümer, die jeweils nach ihrem
Bischofssitz benannt wurden.
Der Bischof (griech. episkopos = Aufseher) wird vom
Papst ernannt. Zu seinen Aufgaben gehört, dass er
Priester und Diakone weiht, die Firmung spendet so-
wie neue Kirchen, Altäre und heilige Öle weiht.

Dekanat/Dekan

Ein Dekanat (griech. deka = zehn) ist der Zusammenschluss von ungefähr zehn Pfarreien zu einer größeren Einheit in einem Bistum. Leiter der Gruppierung ist der Dekan oder Dechant, der von den Pfarrern aus ihrer Mitte gewählt und vom Bischof bestätigt wird. Der Dekan sorgt dafür, dass die seelsorgerische Arbeit in den ihm untergeordneten Pfarreien gut geordnet und vor allem die Durchführung der Gottesdienste überall gewährleistet wird.

Pfarrei/Pfarrer

Die Pfarrei oder Pfarrgemeinde ist die Gemeinschaft von Christen, die auf einem örtlich eingegrenzten Bezirk eines Bistums zusammenleben, miteinander Gottesdienst feiern und einander helfen, den Weg zu Gott zu gehen. An der Spitze der Pfarrei steht der Pfarrer (auch Pastor), der vom Bischof für sein Amt bestellt wird.

Viele arbeiten mit dem Pfarrer zusammen: der Kaplan oder Vikar, der Diakon, der Gemeindereferent/die Gemeindereferentin, der Pfarrgemeinderat, der Organist, der Jugendleiter, die Kindererzieherin und viele andere. Jeder bringt seine Fähigkeiten ein und hilft mit, die Pfarrei zu einem Ort zu machen, wo Kirche täglich konkret erfahren wird.

Predigt, Sanctus, Segen –

der Gottesdienst

Heilige Messe

Die Gemeinden der katholischen Kirche feiern an jedem Sonntag eine oder mehrere heilige Messen – Gottesdienste mit Eucharistiefeier unter der Leitung eines Priesters. Auch an den Werktagen finden in vielen Kirchen heilige Messen statt. Wenn kein Priester vor Ort sein kann, besteht die Möglichkeit, dass die Gemeinde unter der Leitung von Diakonen oder beauftragten Laien zu Wort-Gottes-Feiern mit oder ohne Kommunionspendung zusammenkommt.

1. Eröffnung

Einstimmung

Nach dem Eintritt in die Kirche bekreuzigt sich der Gläubige mit Weihwasser und macht eine Kniebeuge in Richtung des Tabernakels.

Einzug

Das kurze Läuten einer Glocke zeigt den Beginn des Gottesdienstes an. Priester und Ministranten ziehen ein. Ein Kreuz wird vorangetragen, an hohen Feiertagen kommt Weihrauch zum Einsatz.

Eröffnung

Priester: „Im Namen des Vaters …" Die Gemeinde macht das Kreuzzeichen.

Priester: „Der Herr sei mit euch." Alle: „Und mit deinem Geiste."

Schuldbekenntnis

Zu Beginn der Messe bitten die Gläubigen Gott und einander um Vergebung: „Ich bekenne …", der Priester spricht der Gemeinde die Absolution zu.

Kyrie – Gloria – Tagesgebet

Mit dem Kyrie-Ruf („kyrios", griech. Herr) „Herr, erbarme dich. Christus, erbarme dich. Herr, erbarme dich" begrüßt die Gemeinde Jesus Christus in ihrer Mitte. Anschließend stimmen die Gläubigen in das Gloria (lat. Ehre), den Lobgesang der Engel, ein. Mit dem Tagesgebet des Priesters endet der Eröffnungsteil der Messe.

2. Wortgottesdienst

Erste Lesung und Antwortgesang

Ein Lektor oder eine Lektorin trägt einen Text aus dem Alten Testament vor. Die Lesung endet mit „Wort des lebendigen Gottes", die Gemeinde antwortet „Dank sei Gott". Es folgt ein Psalm oder ein Lied.

Zweite Lesung

Nun liest der Lektor oder die Lektorin einen Text aus dem Neuen Testament vor, der mit „Wort des lebendigen Gottes" abgeschlossen wird. Die Gemeinde antwortet: „Dank sei Gott."

Halleluja

 Mit dem „Halleluja" (hebr., preist Gott) begrüßt die Gemeinde ihren Herrn Jesus Christus, der im Evangelium zu ihr spricht.

Evangelium

Der Priester oder der Diakon geht zum Ambo und grüßt die Gemeinde mit den Worten: „Der Herr sei mit euch." Die Gläubigen antworten: „Und mit deinem Geiste", und bezeichnen sich auf Stirn, Mund und Brust mit dem Kreuzzeichen. Die Lesung endet mit „Evangelium unseres Herrn Jesus Christus" und die Gemeinde antwortet „Lob sei dir, Christus".

Predigt

 In der Predigt vertieft der Priester die Glaubensinhalte und deutet das Leben im Licht des Wortes Gottes.

Glaubensbekenntnis

 Gemeinsam spricht die Gemeinde das Apostolische Glaubensbekenntnis: „Ich glaube an Gott …" Manchmal wird auch das Große Glaubensbekenntnis gesprochen.

Fürbitten

Die Gemeinde bringt die Sorgen und Nöte der Menschen vor Gott.

3. Eucharistiefeier

Gabenbereitung und Kollekte

 Ministranten oder andere Gemeindeglieder bringen die eucharistischen Gaben Brot und Wein zum Altar und sammeln die für die Armen und die Aufgaben der Kirche bestimmte Kollekte („collectio", lat. Sammlung).

Gabengebet

 Die Gemeinde bittet Gott um die Annahme der Gaben.

Präfation (Vorgebet)

Ein Wechselgesang leitet über zum Hochgebet:
Priester: „Der Herr sei mit euch." Gemeinde: „Und mit deinem Geiste."

Priester: „Erhebet die Herzen." Gemeinde: „Wir haben sie beim Herrn."
Priester: „Lasset uns danken dem Herrn, unserm Gott." Gemeinde: „Das ist würdig und recht."

Sanctus (lat., heilig)

Eingefügt in das Hochgebet wird das Lob der Größe Gottes durch die Gemeinde: „Heilig, heilig, heilig."

Hochgebet

Nach den Einsetzungsworten lädt der Priester ein: „Geheimnis des Glaubens." Die Gemeinde antwortet: „Deinen Tod, o Herr, verkünden wir und deine Auferstehung preisen wir, bis du kommst in Herrlichkeit."

Vaterunser

 Nach dem Hochgebet folgt das Gebet des Herrn: „Vater unser im Himmel …"

Friedensgebet

 Auf den Zuspruch des Priesters „Der Friede des Herrn sei allezeit mit euch" antwortet die Gemeinde „Und mit deinem Geiste". Der Priester lädt die Gemeinde zum Friedensgruß ein.

Agnus Dei (lat., Lamm Gottes)

 Zur Brechung des Brotes singen oder sprechen alle: „Lamm Gottes, du nimmst hinweg die Sünde der Welt."

Einladung zur Kommunion und Kommunion

 Der Priester lädt die Gläubigen nun mit den Worten „Seht, das Lamm Gottes, das hinwegnimmt die Sünde der Welt" zur Kommunion ein. Die Gemeinde antwortet: „Herr, ich bin nicht würdig, dass du eingehst unter mein Dach. Aber sprich nur ein Wort, so wird meine Seele gesund." Der Priester spendet den Gläubigen die Kommunion mit den Worten: „Der Leib Christi."

Dank und Schlussgebet

 In der Stille ist Zeit für ein Dankgebet. Das Schlussgebet des Priesters schließt sich an.

4. Abschluss

Segen und Sendung

An den Ruf des Priesters „Der Herr sei mit euch" und die Antwort der Gemeinde „Und mit deinem Geiste" schließt sich der vom Priester gespendete Segen an. Die Gemeinde bezeichnet sich mit dem Kreuzzeichen. Mit dem Entlassungsruf „Gehet hin in Frieden" und der Antwort „Dank sei Gott, dem Herrn" endet die Messe.

Auszug

 Priester und Ministranten ziehen aus. Die Gläubigen machen beim Verlassen der Kirche eine Kniebeuge und bekreuzigen sich mit Weihwasser.

Evangelischer Gottesdienst

Der evangelisch-lutherische Gottesdienst entwickelte sich aus der katholischen Messe und unterscheidet sich nur wenig davon. Außer dem Pfarrer oder der Pfarrerin wirken Kirchenmusiker und Gemeindeglieder beim Gottesdienst mit. Neben dem Talar tragen einige Geistliche heute auch Albe und Stola. Eine große Rolle spielt die Kirchenmusik.

Viele Gemeinden haben die Bedeutung des Abendmahls wiederentdeckt und feiern jeden Sonntag Eucharistie. Dieser Gottesdienst trägt auch die Bezeichnungen „Evangelische Messe" oder Sakramentsgottesdienst. Einen Gottesdienst ohne Abendmahl bezeichnet man als Predigtgottesdienst.

Auf die Begrüßung (teilweise verbunden mit Schuldbekenntnis und Psalmgebet) folgen auch im evangelischen Gottesdienst Kyrie, Gloria und Tagesgebet.

Zwei oder drei Lesungen werden von Lektoren vorgetragen. Das Glaubensbekenntnis kann sowohl vor als auch nach der Predigt stehen. Gepredigt wird über einen biblischen Text. Es gibt sechs Predigtreihen. So wiederholen sich die Predigttexte erst im siebten Jahr.

Die Abendmahlsfeier orientiert sich in einigen Gemeinden an der katholischen Eucharistiefeier, andere Gemeinden verwenden eine auf einige Gebete, Einsetzungsworte, Sanctus, Vaterunser und Agnus Dei reduzierte Form. Hier unterscheiden sich in Deutschland die verschiedenen Landeskirchen, aber auch einzelne Gemeinden stark voneinander. Mit dem Dankgebet und dem Segen endet der Gottesdienst. Im Predigtgottesdienst folgen nach der Predigt Fürbitten und Vaterunser, bevor der Segen gespendet wird.

Taufe, Ehe, Abendmahl –

die Sakramente

Zeichen der Liebe

Sakramente sind Zeichen des Glaubens. Gott zeigt den Menschen mit diesen Zeichen seine Liebe – und das ein ganzes Leben lang. In der katholischen Kirche werden sieben Sakramente gefeiert: Taufe, Buße (Versöhnung), Eucharistie, Firmung, Ehe, Priesterweihe und Krankensalbung. Die evangelische Kirche kennt zwei Sakramente: Taufe und Abendmahl. Durch den Empfang der Sakramente bringen Christen zum Ausdruck, dass Gott einen Platz in ihrem Leben haben soll.

„Sakramente sind Einbruch Gottes in diese Welt", sagt Jesuitenpater Alfred Delp (1907–1945). Das heißt: Gott sucht die Nähe des Menschen und beschenkt ihn mit einer besonderen Gnadengabe.

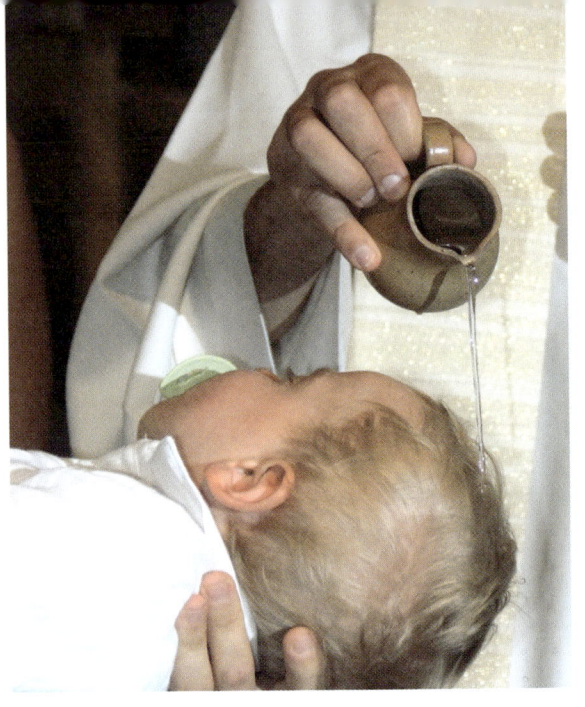

Taufe

Die Taufe ist das erste und wichtigste der sieben
Sakramente. Jesus hat der Kirche dazu den Auftrag
gegeben: „Geht und macht alle Völker zu meinen
Jüngern; tauft sie auf den Namen des Vaters und
des Sohnes und des Heiligen Geistes" (Mt 28,19).
Mit der Taufe wird ein Mensch in die christliche
Gemeinschaft aufgenommen. Für Kinder bezeugen

Eltern und Paten den Glauben an den dreifaltigen Gott und verpflichten sich, das Kind auf seinem Glaubensweg zu begleiten.

Bußsakrament

Das Bußsakrament wird auch Sakrament der Versöhnung oder „Beichte" genannt. Der schuldbewusste Mensch bekennt vor einem Priester (Beichtvater) seine Sünden, um von Gott Barmherzigkeit für sein Tun zu erhalten. Der Priester hält die segnende Hand über den Büßer und sagt ihm im Auftrag Gottes Verzeihung und Frieden zu: „So spreche ich dich los von deinen Sünden." Papst Johannes Paul II. sagt im Apostolischen Schreiben über Versöhnung und Buße (1984): „Buße ist eine Umkehr, die vom Herzen hin zu den Taten geht und daher das gesamte Leben des Christen erfasst."

Eucharistie

Im Sakrament der Eucharistie sitzen wir mit Jesus an einem Tisch. Was er vor mehr als 2 000 Jahren seinen Jüngern gesagt hat, das sagt er in jeder heiligen Messe durch den Priester auch uns: „Das ist mein Leib – das ist mein Blut." In Brot und Wein dürfen wir seine Gegenwart erfahren.

Das griechische Wort „Eucharistie" heißt auf

Deutsch übersetzt: „Danke sagen". Und das tun wir, wenn wir im Gottesdienst zusammenkommen. Wir sagen Danke für das, was Jesus uns gesagt und was er für uns getan hat. Wenn wir von dem Brot essen (und manchmal auch von dem Wein trinken), danken wir Jesus für seine große Liebe zu uns.

Firmung

Firmung (lat. firmare = befestigen, tauglich machen) ist ein Sakrament der Glaubensstärkung. Durch Handauflegung und Chrisamsalbung des Bischofs (oder eines Vertreters) empfangen Jungen und Mädchen Gottes heiligen Geist, der ihnen die Kraft zu einem Leben aus dem Glauben gibt. Das Zweite Vatikanische Konzil sagt: „Durch das Sakrament der Firmung werden sie (die Jugendlichen) vollkommener der Kirche verbunden und mit einer besonderen Kraft des Heiligen Geistes ausgestattet. So sind sie in strengerer Weise verpflichtet, den Glauben als wahre Zeugen Christi in Wort und Tat zugleich zu verbreiten und zu verteidigen" (Lumen Gentium Nr. 11). Das Sakrament der Firmung wird auch als „Sakrament der Mündigkeit" bezeichnet.

Ehesakrament

Im Sakrament der Ehe versprechen sich christliche Brautleute vor dem Altar, einander so zu lieben, wie Gott sie liebt – in guten und schlechten Tagen, in Gesundheit und Krankheit. Der Priester (Diakon) bestätigt diese Verbindung vor der versammelten Gemeinde im Namen Gottes und der Kirche. Er segnet die beiden und er segnet die Ringe, die sie an die versprochene Treue erinnern sollen. Die Ehe ist nicht nur eine persönliche (private) Angelegenheit der Brautleute, sondern ein öffentliches Zeichen der Liebe und Treue Gottes.

Weihesakrament

Im Sakrament der Weihe (althochdeutsch wih = heilig) werden getaufte Männer in den Dienst Gottes gestellt und mit besonderen Aufgaben bzw. Vollmachten betraut. Es gibt drei Stufen dieses Sakramentes: die Bischofsweihe, die Priesterweihe und die Diakonenweihe. Das Weihesakrament wird heute noch so gespendet, wie es von Anfang an war: Der Bischof legt dem Weihekandidaten die Hände auf. Am ersten Donnerstag jeden Monats (Priesterdonnerstag) beten wir, dass viele junge Männer dem Ruf Jesu folgen und ihren Bischof um die Handauflegung bitten.

Krankensalbung

Die Krankensalbung ist ein Sakrament der Stärkung und Sündenvergebung für einen kranken und alten Menschen. Man kann dieses Sakrament, das früher „Letzte Ölung" hieß, mehrmals empfangen und nicht nur kurz vor dem Tod. Durch Handauflegung, Salbung mit Öl und durch das Gebet des Priesters (Diakons) soll der kranke und alte Mensch erfahren, dass Jesus an seiner Seite steht und ihm seine Liebe und sein Heil zeigen will. Gelegentlich wird die Krankensalbung an einem Krankentag oder bei einer Krankenwallfahrt in einer größeren Feier gespendet.

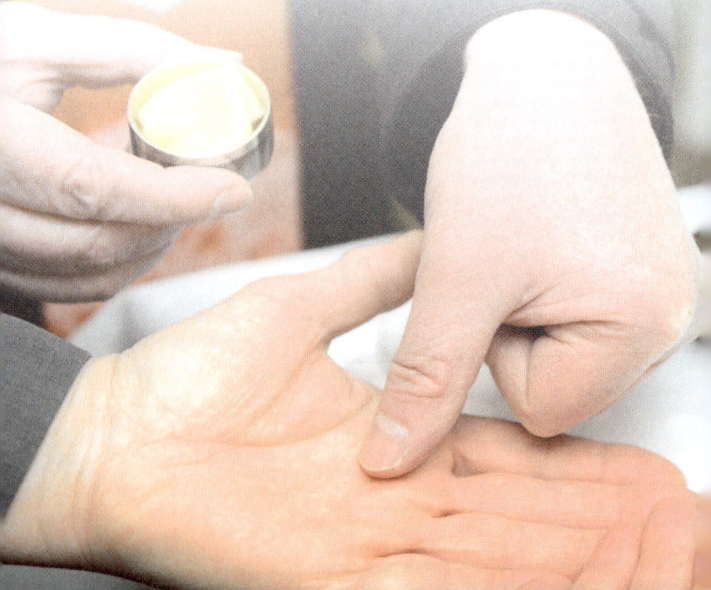

Zwei Anmerkungen zum Schluss: Zu den Sakramenten gehören nicht die sogenannten Sakramentalien. Unter diesen versteht man sakramentähnliche Zeichen und Handlungen der Kirche, die Gottes Liebe und Nähe zu den Menschen sichtbar machen. Zu ihnen gehören in erster Linie die Segnungen von Personen (Ordensleute, Lektoren), Gegenständen (Palmzweige, Kerzen), Orten (Friedhöfe, Heiligtümer) oder Mahlzeiten. Die Sakramentalien sind von der Kirche eingesetzt und wirken durch deren Fürbitte.

Ostern, Pfingsten, Lichtmess –

das Kirchenjahr

Kirchliche Feste

Das Kirchenjahr ist der Begriff für die kirchliche Feier von Festen und Festzeiten im Laufe eines Jahres. Es beginnt am ersten Adventssonntag und endet am Christkönigssonntag des darauffolgenden Jahres.

Das Kirchenjahr ist in drei große Zeiträume eingeteilt: Der weihnachtliche Festkreis (Advent und Weihnachtszeit), der österliche Festkreis (Fastenzeit, Karwoche, Osterzeit) und die Zeit im Jahreskreis (die Wochen zwischen dem weihnachtlichen und österlichen Festkreis, Pfingstmontag bis Samstag vor dem 1. Advent).

Die Christen feiern in den verschiedenen Festen und Festzeiten des Kirchenjahres, was Gott durch Jesus Christus für die Menschen getan hat. Sie denken aber auch an die vielen Heiligen, die Gott seiner Kirche geschenkt hat.

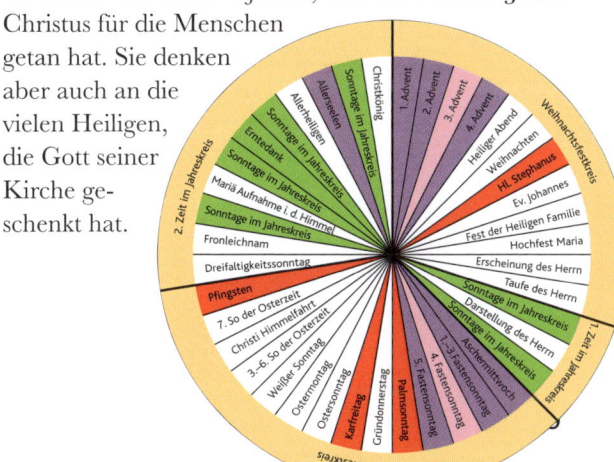

Advent

Am ersten Advent beginnt das Kirchenjahr. Der Advent ist für die Christen die Zeit der Vorbereitung auf Weihnachten. Advent (lat. adventus) bedeutet „Ankunft", Erwartung. Diese Zeit lädt zu Umkehr und Besinnung ein: Christen bereiten sich vier Wochen lang auf das Kommen Jesu vor. An den Adventssonntagen werden in den Gottesdiensten häufig Texte aus dem Alten Testament verwendet, die die Ankunft des Erlösers prophezeien.

Weihnachten

Weihnachten (ahd. wihe nacht = Heilige Nacht) ist nach Ostern das zweithöchste Fest des Kirchenjahres. Wir erinnern uns daran, was vor über 2 000 Jahren in Betlehem geschehen ist: Jesus wurde geboren. Nach dem Bericht des Evangelisten Lukas waren es Hirten, die zuerst Nachricht von der Geburt Jesu erhielten. Ihnen verkündete ein Engel die frohe Botschaft: „Fürchtet euch nicht! Heute ist der Retter geboren, der Herr!" Die Hirten eilten voll Freude zum Stall und beteten das Kind an (Lk 2,8–20). Christen feiern das Weihnachtsfest seit dem 4. Jahrhundert. Die orthodoxen Christen feiern Weihnachten nicht am 25. Dezember, sondern am 6. Januar.

Hochfest der Gottesmutter Maria

Das Hochfest der Gottesmutter Maria feiert die Kirche am Neujahrstag. Acht Tage nach Weihnachten, dem Geburtsfest Jesu, ehren wir Maria, die junge Frau aus Nazaret, dass sie den Sohn Gottes geboren hat. „Gottesgebärerin" oder auch „Gottesmutter" ist der Titel, den Maria im Jahr 421 auf dem Konzil von Ephesus zuerkannt bekam. Bereits im 7. Jahrhundert ist für den 1. Januar ein Marienfest bezeugt.

Dreikönigsfest

Am 6. Januar ist das Hochfest der Erscheinung des Herrn (Dreikönigsfest). Die Bibel erzählt von „Stern-deutern aus dem Osten" (Mt 2,1–12). Sie sehen einen besonderen Stern, gehen ihm nach und finden das Kind in der Krippe. Weil sie königliche Geschenke überreichen (Gold, Weihrauch und Myrrhe), nennt man die Sterndeuter später auch Könige. Ihre Gebeine werden im Kölner Dom verehrt (Dreikönigsschrein). In den orthodoxen Kirchen Osteuropas ist der 6. Januar nicht der Dreikönigstag, sondern das große Fest der Geburt Jesu.

Taufe des Herrn

Das Tauffest Jesu wird am Sonntag nach dem Fest „Erscheinung des Herrn" (6. Januar) gefeiert. Wir erinnern uns daran, dass Jesus von Johannes dem Täufer im Jordan getauft wurde. Dabei kam der Heilige Geist auf ihn herab und Gottes Stimme sagte: „Das ist mein geliebter Sohn" (Lk 3,21–22). Mit diesem Fest endet der weihnachtliche Festkreis.

Darstellung des Herrn

Das Fest der Darstellung des Herrn (2. Februar) erinnert daran, dass Jesus, als er 40 Tage alt war, im Tempel von Jerusalem Gott geweiht wurde. Maria und Josef brachten ihn dorthin, weil es das jüdische Gesetz so verlangte. Zu dieser Zeit waren auch zwei alte, fromme Leute im Tempel: Simeon und Hanna. Die beiden erkannten im Kind Jesus ihren Retter und Erlöser. Simeon nannte ihn das „Licht, das die Heiden erleuchtet" (Lk 2,22–40). Am Festtag werden in den Kirchen Kerzen geweiht und mancherorts Lichterprozessionen gehalten. Eine brennende Kerze bringt Licht in die Dunkelheit. Licht ist ein Zeichen für Jesus Christus. Früher wurde das Fest auch „Mariä Lichtmess" oder nur „Lichtmess" genannt.

Verkündigung des Herrn

Am 25. März feiert die Kirche das Fest Mariä Verkündigung oder Verkündigung des Herrn. An diesem Tag wird im Gottesdienst die biblische Geschichte vorgelesen, in der der Engel Gabriel zu Maria kommt, um ihr zu verkündigen: „Du wirst einen Sohn gebären, dem sollst du den Namen Jesus geben (Lk 1,31). Man könnte sagen: In dem Augenblick, in dem der Engel dies im Namen Gottes sagte, fing das Neue Testament an. Mit Jesus begann eine neue Zeit, eine neue Zeitrechnung. In manchen Gegenden galt darum jahrhundertelang nicht der 1. Januar, sondern eben jener 25. März als Tag des Jahresbeginns.

Karwoche

Die Karwoche, die mit dem Palmsonntag beginnt, heißt auch Stille Woche, Heilige Woche oder Große Woche. Das Wort „Kar" kommt vom althochdeutschen „Kara" und bedeutet „Klage, Sorge, Kummer, Trauer". Die Kartage – von Donnerstagabend bis Samstagabend – bilden den Höhepunkt der Vorbereitung auf Ostern. Die Kirche feiert in diesen drei

Tagen das Leiden, Sterben und den Tod Jesu Christi. In früherer Zeit durften während der Karwoche – und das galt auch für die anschließende Osterwoche – keine knechtlichen Arbeiten verrichtet werden. Es fanden keine Gerichtsverhandlungen statt und es durften keine Schulden eingetrieben werden. In dieser Zeit wurden auch Gefangene und Straffällige freigelassen und begnadigt.

Palmsonntag

Am Palmsonntag vor Ostern werden im Gottesdienst Palm-, Buchsbaum-, Weiden- oder andere Zweige gesegnet. Sie erinnern an den Einzug Jesu in Jerusalem, wo die Leute Zweige auf den Weg streuten, wo sie Jesus den Sohn Davids nannten und riefen: „Hochgelobt sei, der da kommt im Namen des Herrn, Hosanna in der Höhe!"

Manche Gläubige stecken nach dem Gottesdienst die gesegneten Zweige ans Haus oder ins Auto, ins Feld oder in den Garten. Sie sollen Unglück fernhalten und Heil und Segen bringen.

Gründonnerstag

Am Gründonnerstag – wohl abgeleitet vom althochdeutschen Wort „greinen" = weinen, klagen – steht das Gedenken an das letzte Abendmahl im Mittelpunkt, das Jesus mit seinen Jüngern gehalten hat (Mt 26,20–29). Im Gottesdienst findet in vielen Kirchen eine Fußwaschung statt in Erinnerung an die Erzählung im Neuen Testament (vgl. Joh 13,1–20), dass Jesus den Jüngern im Abendmahlssaal die Füße gewaschen hat. Zum Zeichen der Trauer über das Leiden und Sterben Jesu schweigen nach dem Gottesdienst bis zur Osternacht Orgel und Glocken.

Karfreitag

Der Karfreitag (ahd. kara = Trauer, Klage) ist der Freitag vor Ostern. Der Tag ist ein Tag der Erinnerung an Jesu Verurteilung, Kreuzigung und Tod. Für die protestantischen Christen ist der Karfreitag der höchste Feiertag des Kirchenjahres. In katholischen Kirchen findet zur Todesstunde Jesu, um 15 Uhr, ein Wortgottesdienst mit Kreuzverehrung statt. Die Geschichte vom Leiden und Sterben Jesu nach dem Johannesevangelium wird vorgelesen und die heilige Kommunion gespendet. Der Karfreitag ist ein gebotener Fasttag.

Karsamstag

Karsamstag – nicht Ostersamstag! – ist der Tag vor dem Osterfest. Er erinnert an die Grabesruhe Jesu nach seinem Tod am Kreuz. Der Karsamstag ist ein stiller Tag ohne Gemeindegottesdienst. In manchen Gemeinden treffen sich am Morgen Gruppen zum gemeinsamen Gebet des Kreuzweges.

Ostern

Ostern ist das wichtigste und älteste Fest der Christen: Sie feiern die Auferstehung Jesu, den Sieg des Lebens über den Tod (Mk 16,6–7). In der Feier der Osternacht wird die Osterkerze als Zeichen des Lebens angezündet und das Taufwasser für das ganze Jahr geweiht. Die ganze Gemeinde erneuert das Taufversprechen, in manchen Kirchen wird eine Tauffeier gehalten. Im feierlichen Ostergottesdienst danken die Gläubigen Gott in Liedern und Gebeten, dass er Jesus von den Toten auferweckt hat. Ostern wird seit dem Konzil von Nizäa (325) immer am Sonntag nach dem ersten Frühlingsvollmond gefeiert.

Weißer Sonntag

Der Weiße Sonntag ist der erste Sonntag nach Ostern und der feierliche Abschluss der Osterwoche. In vielen Gemeinden wird an diesem Tag das Fest der ersten heiligen Kommunion gefeiert. Dieser Termin für die Erstkommunion wird erstmals im 17. Jahrhundert erwähnt.

Der Weiße Sonntag hat seinen Namen aus einem ganz bestimmten Grund: In der frühen Kirche wurde man in der Regel nicht als Kind getauft, sondern als Erwachsener. Man musste sich lange auf die Taufe vorbereiten. Die Taufe fand dann am Osterfest statt. Die Täuflinge trugen eine Woche lang weiße Kleider – bis zum Sonntag nach Ostern, der davon seinen Namen (Weißer Sonntag) hat.

Christi Himmelfahrt

Vierzig Tage nach Ostern feiern die Christen aller Konfessionen das Fest Christi Himmelfahrt. Sie denken daran, dass Jesus nach seinem Tod und seiner Auferstehung zu seinem Vater in den Himmel zurückgekehrt ist. Beim Evangelisten Lukas lesen wir: „Jesus führte die Jünger hinaus in die Nähe von Betanien. Dort erhob er seine Hände und segnete sie. Und es geschah, während er sie segnete, verließ er sie und wurde zum Himmel emporgehoben (Lk 24,50–51). – Die Kirche feiert Christi Himmelfahrt als eigenständiges Fest seit dem 4. Jahrhundert (vorher war es mit dem Pfingstfest verbunden). In Deutschland ist das Fest ein gesetzlicher Feiertag, der vielen allerdings nur als „Vatertag" bekannt ist.

Pfingsten

Pfingsten ist das Fest des Heiligen Geistes und eines der großen christlichen Feste. Das Wort „Pfingsten" entstand aus dem griechischen Begriff „pentecoste" = „fünfzig". Fünfzig Tage nach Ostern – so schildert es die Apostelgeschichte (2,1–15) – kam, durch Feuerzungen sichtbar, der Heilige Geist auf die Jünger herab und bewirkte, dass sie in vielen fremden Sprachen redeten. An Pfingsten feiert die Kirche Geburtstag. Alle Menschen auf der Welt können nun die frohe Botschaft Jesu hören.

Dreifaltigkeitsfest

Das Dreifaltigkeitsfest (evangelische Christen sagen „Trinitatis") feiert die Kirche am Sonntag nach Pfingsten. In Gottesdiensten und Prozessionen ehrt sie den einen Gott in drei Personen: als Vater, Sohn und Heiligen Geist. Erste liturgische Feiern der Dreifaltigkeit sind im 9. Jahrhundert in Klöstern der Benediktiner zu finden. Im Jahr 1334 hat die römische Kirche das Fest allgemein eingeführt.

Fronleichnam

Fronleichnam ist ein katholisches Fest und wird am Donnerstag nach dem Dreifaltigkeitsfest gefeiert. Der Name leitet sich von den mittelhochdeutschen Worten „fron" für „Herr" und „lichnam" für „lebender Leib" ab und bedeutet: der Leib des Herrn. Die Gläubigen erinnern sich an diesem Tag des letzten Abendmahls in Jerusalem und feiern Jesu Gegenwart in der Eucharistie. Sie ziehen in einer feierlichen Prozession durch die Straßen und Felder und verehren den „Leib des

Herrn", das heilige Brot, das der Priester in einer Monstranz unter einem Baldachin trägt.

Verklärung des Herrn

Am Fest Verklärung des Herrn feiert die Kirche eine Begebenheit aus dem Leben Jesu: Jesus nimmt seine Jünger Petrus, Jakobus und Johannes mit auf einen Berg (vermutlich auf den Berg Tabor) und wird dort vor ihren Augen in strahlendem Licht verklärt. Die beeindruckten Jünger hören eine Stimme aus der Wolke, die sagt: „Dieser ist mein geliebter Sohn; auf ihn sollt ihr hören" (Mk 9,7). Das Fest, das am 6. August gefeiert wird, will unseren Blick auf die Herrlichkeit lenken, der wir entgegengehen, wenn wir dem Herrn glauben und aus diesem Glauben leben.

Mariä Aufnahme in den Himmel

Das Hochfest „Mariä Aufnahme in den Himmel" oder „Mariä Himmelfahrt" ist das älteste Marienfest der Kirche. Es geht auf das 5. Jahrhundert in Jerusalem zurück, wo man des „Heimgangs Mariens" gedachte. Das Fest, das am 15. August gefeiert wird, will uns sagen: Maria ist „mit Leib und Seele" in den Himmel aufgenommen worden. Papst Pius XII. hat 1950 diese alte Glaubensüberzeugung in einem Dogma verkündet. Am Festtag finden seit Jahrhunderten in vielen katholischen Kirchen Kräuterweihen statt. Mit diesem Brauch soll Maria geehrt werden. Die geweihten Sträuße werden dann zu Hause an der Wand oder auf dem Dachboden aufgehängt: Sie sollen gegen Krankheiten, Unglück und Gewitter helfen.

Kreuzerhöhung

Das Fest Kreuzerhöhung feiert die Kirche am 14. September. Das Datum hat wohl einen geschichtlichen Hintergrund. Am 14. September 320 nach Christus soll die heilige Helena, die Mutter des Kaisers Konstantin, das Kreuz Jesu in Jerusalem gefunden haben. Der Bischof von Jerusalem hob an diesem Tag das Kreuz vor dem Volk feierlich in die Höhe und zeigte es ihm zur Verehrung. Am Fest Kreuzerhöhung danken wir Gott für das Kreuz, an dem Jesus für uns gestorben ist.

Erntedank

Am ersten Sonntag im Oktober feiert die Kirche das Erntedankfest. Die Arbeit auf dem Feld ist beendet, die Früchte sind überall geerntet. Wir danken Gott für die Gaben, die wir von ihm bekommen haben. Am Erntedankfest sind viele Kirchen besonders schön geschmückt. Oft ist ein Erntealtar aufgebaut. Darauf liegen Äpfel und Birnen, Korn und Brot, Kürbisse und Gurken, Tomaten und Trauben ... Viele Familien schmücken ihre Wohnungen mit Blumen und bunten Herbstblättern. Beim gemeinsamen Essen danken sie Gott für alles, was er ihnen schenkt: für Speise, Kleidung und Wohnung, Arbeit und Gesundheit, für alles Glück.

Kirchweihfest

Das Kirchweihfest wird in der katholischen und protestantischen Kirche am dritten Sonntag im Oktober gefeiert. Das Gotteshaus ist an diesem Tag besonders schön geschmückt. Die Apostelleuchter brennen. Die Gläubigen erinnern sich mit einem Festgottesdienst an den Tag, an dem ihre Kirche geweiht wurde. In vielen Gegenden wird nach der religiösen Feier weitergefeiert mit Musik, Tanz, Buden und Karussells. Das Kirchweihfest hat viele verschiedene Namen, zum Beispiel Kirmes, Kirbe oder Kilbe.

Allerheiligen

Allerheiligen wird am 1. November gefeiert. Die katholische Kirche denkt an diesem Tag an alle heiligen Menschen, die jetzt bei Gott im Himmel wohnen. Gemeinsam mit ihnen loben und preisen wir Gott für seine Liebe. In der westlichen Kirche wird Allerheiligen seit dem 9. Jahrhundert gefeiert. Als Initiator des Festes gilt der mittelalterliche Theologe Alkuin.

Allerseelen

Der 2. November ist in der katholischen Kirche der Allerseelentag. An diesem Tag denken Katholiken an alle verstorbenen Menschen. Viele gehen an Allerseelen auf den Friedhof. Dort besuchen sie die Gräber ihrer Angehörigen und schmücken sie mit Blumen, Kränzen oder kleinen Lampen. Sie bitten Gott mit dem alten Gebetsruf: „Herr, gib ihnen die ewige Ruhe und das ewige Licht leuchte ihnen! Herr, lass sie ruhen in Frieden!" Das Allerseelengedenken ist seit dem

14. Jahrhundert in der ganzen römischen Kirche gebräuchlich.

Christkönigsfest

Am letzten Sonntag des Kirchenjahres feiern katholische Christen das „Christkönigsfest". Der Tag erinnert an die Macht und die Herrlichkeit Jesu Christi. 1925 wurde das Christkönigsfest von Papst Pius XI. eingeführt. Der genaue Name ist „Hochfest unseres Herrn Jesus Christus, des Königs des Weltalls".

Die evangelischen Christen begehen am letzten Sonntag im Kirchenjahr den „Totensonntag". Dieses Fest ist ein Tag zur Erinnerung an alle Verstorbenen.

Die liturgischen Farben des Kirchenjahres

Vier verschiedene Farben prägen das Kirchenjahr und damit die entsprechenden liturgischen Gewänder: Weiß, Rot, Violett und Grün. Sie besitzen eine starke Ausdruckskraft und stehen für bestimmte Eigenschaften.

• *Weiß* ist die Farbe der Freude und der Reinheit. Sie wird getragen bei Taufe, Erstkommunion und Hochzeit, in der Weihnachts- und Osterzeit sowie an Marientagen.

• *Rot* ist die Farbe der Begeisterung und des Blutes. Sie kommt zur Anwendung am Palmsonntag und

Karfreitag, zu Pfingsten und bei der Firmung, außerdem an den Festen und Gedenktagen der Märtyrer.

• *Violett* ist die Farbe der Umkehr und der Buße. Sie gehört zum Advent und zur österlichen Bußzeit, zur Beichte, Krankensalbung und zu Gottesdiensten für Verstorbene.

• *Grün* ist die Farbe der Hoffnung. Sie wird benutzt an allen Wochen- und Sonntagen im Jahreskreis, die nicht durch eine andere liturgische Farbe überlagert sind.

Lieder,
    Briefe,
    Psalmen –

die Bibel

Das Buch der Bücher

Die Bibel – ein „Bestseller" auf dem Buchmarkt – sieht aus wie ein Buch, ist aber in Wirklichkeit mehr als ein Buch. Sie ist eine Büchersammlung, eine „Bibliothek" von Büchern, die alle auf sehr verschiedene Weise vom Weg Gottes mit den Menschen erzählen. Insgesamt besteht die Bibel aus 73 Büchern.

Unter diesen 73 Büchern gibt es sehr lange Bücher, aber auch sehr kurze, Erzählungen und Geschichten, Gedichte und Gesetze, Lieder, Regeln und Gebete, Sprichwörter und Briefe. 1m Jahr 1521 hat der Reformator Martin Luther die Bibel ins Deutsche übersetzt.

Früher, als die Bibel geschrieben wurde, gab es noch keine gebundenen Bücher. Da haben die Leute mit der Hand auf Bögen geschrieben, die zusammengerollt wurden. Ein Teil solcher „Schriftrollen" war aus einer Art Papier, hergestellt aus der Papyrusstaude, ein anderer Teil aus Pergament, gewonnen aus Schafs- und Ziegenhäuten.

Die ältesten Handschriften aus Pergament wurden im Jahr 1947 in den Höhlen bei Qumran am Toten Meer gefunden. Sie waren in Tonkrügen aufbewahrt. Besonders berühmt ist der Fund der Jesaja-Rolle, die fast vollständig erhalten ist. Sie entstand ungefähr 200 Jahre vor Christi Geburt und ist somit über 2 200 Jahre alt.

Um das Jahr 1456 – also vor über 550 Jahren – wurde von Johannes Gutenberg die Druckerkunst erfunden. Nun mussten die Bibeltexte nicht mehr mühsam mit Feder und Tinte abgeschrieben werden. Jetzt wurde die Bibel zum ersten Mal gedruckt. So ist auch verständlich, dass man seitdem die Bibel einfach „das Buch" nannte.

Nach Lehre der Kirche hat der Heilige Geist die Verfasser der Schriften der Bibel bei ihrer Niederschrift angeleitet und inspiriert. Im „Katechismus der Katholischen Kirche" heißt es: „Das von Gott Geoffenbarte, das in der Heiligen Schrift schriftlich enthalten ist und vorliegt, ist unter dem Anhauch des Heiligen Geistes aufgezeichnet worden" (105).

Der Heilige Geist diktierte also den Verfassern der biblischen Bücher nicht ihre Texte, sondern er erleuchtete die Autoren so, dass sie in ihren Schriften trotz aller Zeitbedingtheit die göttliche Wahrheit niederschrieben.

Altes Testament

Die Bibel beginnt mit dem Alten Testament. Man spricht auch vom „Ersten Bund" oder auch vom „Alten Bund". Im Alten Testament wird erzählt, was das Volk Israel erlebt hat, bevor Christus geboren wurde. Wir können darin lesen, wie Gott dieses Volk überallhin begleitete, wie er es durch gute und schlechte Zeiten führte, um ihm zu zeigen, dass er der einzige und wahre Gott ist.

Mit jeder Geschichte des Alten Testaments lernen wir Gott ein bisschen näher kennen. Wunderbare Geschichten sind darunter: wie Gott dem Mose beim brennenden Dornbusch seinen Namen sagte (Ich bin der „Ich bin da"); wie die Israeliten vierzig Jahre durch die Wüste wanderten; wie Gott dem Volk am Berg Sinai die Zehn Gebote gab; wie der kleine David den Riesen Goliat besiegte ...

Weil die Israeliten Hebräisch sprachen, wurde fast das ganze Alte Testament, das aus 46 Büchern besteht, in dieser Sprache aufgeschrieben. Man nennt es deshalb auch die „hebräische Bibel". Man liest die Schrift von rechts nach links. Sie besteht nur aus Mitlauten, auf Selbstlaute wird durch Punkte hingewiesen.

Die Bücher des Alten Testaments

Das Alte Testament umfasst 46 Bücher. Sie lassen sich zur besseren Übersicht in vier Gruppen aufteilen.

1. Die geschichtlichen Bücher

5 Bücher Mose	Esra
Josua	Nehemia
Richter	Tobit
Rut	Judit
2 Samuelbücher	Ester
2 Königsbücher	2 Makkabäerbücher
2 Chronikbücher	

2. Die Lehrbücher

Ijob	Hohes Lied
Psalmen	Weisheit
Sprichwörter	Jesus Sirach
Kohelet/Prediger	

3. Die prophetischen Bücher

Jesaja	Baruch
Jeremia	Ezechiel
Klagelieder	Daniel

4. Die zwölf kleinen Propheten

Hosea

Joël

Amos

Obadja

Jona

Micha

Nahum

Habakuk

Zefanja

Haggai

Sacharja

Maleachi

Neues Testament

Das Neue Testament ist der zweite Teil der Bibel. Manche Leute verstehen den Namen falsch und meinen, das Neue Testament würde das Alte Testament ersetzen. Das trifft aber nicht zu. Vielmehr baut das Neue Testament auf dem Alten auf.

Die „gute Nachricht" des Neuen Testaments ist: Jetzt erfüllt sich, was im Alten Testament begonnen wurde. Gott schließt nicht nur mit dem Volk Israel, sondern mit allen Menschen Freundschaft, ganz gleich, welche Sprache sie sprechen und welche Hautfarbe sie haben. Er schickt Jesus Christus, den Sohn Gottes, auf die Welt, um das allen Menschen mitzuteilen und vorzuleben.

Das Neue Testament, das aus 27 größeren und kleineren Büchern besteht, ist in kürzerer Zeit entstanden als das Alte Testament, etwa in den Jahren zwischen 50 und 120 nach Christus. Nachdem Jesus gestorben und seinen Jüngern als Auferstandener erschienen war, wurden seine Worte und Taten zunächst „mündlich überliefert", also weitererzählt, und erst dann aufgeschrieben.

In den Ländern, in denen die Geschichten von Jesus verbreitet wurden, wurde Griechisch gesprochen. Deshalb sind auch die Schriften des Neuen Testaments in dieser Sprache geschrieben worden. Man spricht daher auch von der „griechischen Bibel". Im Sprachgebrauch der Kirche sind heute noch griechische Wörter enthalten, zum Beispiel „Kyrie, eleison" (das heißt „Herr, erbarme dich").

Die Bücher des Neuen Testaments

Das Neue Testament besteht aus 27 größeren und kleineren Büchern. Manche Bücher bestehen nur aus einem einzigen Brief. Dies sind die Namen der Bücher:

1. Die Evangelien
Matthäus
Markus
Lukas
Johannes

2. Die Apostelgeschichte

3. Die Paulusbriefe
Römerbrief
2 Korintherbriefe
Galaterbrief
Epheserbrief
Philipperbrief
Kolosserbrief
2 Thessalonicherbriefe
2 Timotheusbriefe
Titusbrief
Philemonbrief

4. Die übrigen Briefe

Hebräerbrief
Jakobusbrief
2 Petrusbriefe
3 Johannesbriefe
Judasbrief

5. Die Offenbarung des Johannes

Die vier Evangelien

Im Mittelpunkt des Neuen Testaments stehen die Geschichten von Jesus von Nazaret, die sogenannten Evangelien. Das Wort Evangelium stammt aus dem Griechischen. Es heißt „euangelion" und wird übersetzt mit frohe und gute Botschaft. Bei den Griechen wurde das Wort immer dann verwendet, wenn ein Bote eine gute Nachricht vom Kaiser überbrachte.

Mit dem Wort Evangelium wird im Neuen Testament die Botschaft bezeichnet, die Jesus Christus brachte. Jesus selbst hat kein Buch geschrieben. Er sprach zu den Menschen, lebte mit ihnen und war ihnen durch sein Handeln nahe. Erst gut 30 Jahre nach seinem Tod begann man, schriftliche Berichte über sein Leben und seine Botschaft abzufassen.

Insgesamt vier Evangelien bilden zusammen „das Evangelium" – die „Frohe Botschaft" – von Jesus

Christus. Geschrieben wurden sie von Matthäus, Markus, Lukas und Johannes. Man nennt sie deswegen auch die vier „Evangelisten". Das Evangelium von Markus ist das älteste und auch das kürzeste der vier Evangelien.

Es fällt auf, dass die ersten drei Evangelien (also Matthäus, Markus und Lukas) die „Geschichte des Lebens Jesu" sehr ähnlich erzählen. Sie stimmen im Inhalt und in der Sprache an vielen Stellen überein. Weil sie sich miteinander vergleichen lassen, nennt man sie auch „Synoptische Evangelien" (griechisch: Synopse = Zusammenschau).

Ganz anders ist das vierte Evangelium. Es geht auf den Apostel Johannes zurück, den Lieblingsjünger Jesu. Die Sprache ist nicht so einfach wie in den ersten drei Evangelien. Aber es enthält wunderschöne Worte, zum Beispiel das Wort Jesu: „Es gibt keine größere Liebe, als wenn einer sein Leben für seine Freunde hingibt" (15,13).

Die Gleichniserzählungen Jesu

Im Neuen Testament stehen wunderbare Geschichten. Jesus erzählte sie gern den Menschen, die ihm zuhörten. Er wollte sie damit auf etwas ganz Wichtiges in ihrem Leben aufmerksam machen. Wir nennen diese Geschichten auch Gleichnisse, denn sie gleichen Erlebnissen, die jeder von uns haben kann. Im Matthäusevangelium (13,35) heißt es über die Gleichnisse Jesu: „Damit sollte sich erfüllen, was durch den Propheten gesagt worden ist: Ich öffne meinen Mund und rede in Gleichnissen, ich verkünde, was seit der Schöpfung verborgen war."

Zu den schönsten Gleichnissen, die uns in den Evangelien erzählt werden, gehören:
- das Gleichnis vom Sämann (Lk 8,4–15)
- die Gleichnisse vom Schatz und von der Perle (Mt 13,44–46)
- die Gleichnisse vom verlorenen Schaf und von der verlorenen Drachme (Lk 15,1–10)
- das Gleichnis von den Arbeitern im Weinberg (Mt 20,1–16)
- das Gleichnis vom verlorenen Sohn (Lk 15,11–32)

Viele Gleichnisse handeln vom Reich Gottes. So vergleicht Jesus einmal das Reich Gottes mit einem winzigen Senfkorn, das zu einem großen Baum heranwächst. Damit will er seinen Zuhörern sagen: Das Reich Gottes ist schon da, noch winzig wie ein Senfkorn, aber es wird wachsen und groß werden (Mt 13,31–32).

Lieben, loben und ehren –

die Zehn Gebote

Der Dekalog

Die Zehn Gebote erhielt Mose von Gott auf dem Berg Sinai bzw. Horeb, als die Israeliten auf der Wanderung von Ägypten nach Kanaan waren. Sie sind uns im Alten Testament mit geringfügigen Unterschieden doppelt überliefert: Exodus 20,1–17 und Deuteronomium 5,6–21.

Die ersten drei Gebote bestimmen das rechte Verhältnis des Menschen zu Gott, das vierte bis zehnte Gebot beschreibt den Umgang der Menschen miteinander.

Die Zehn Gebote sind weniger eine Liste mit Verboten, sondern eher eine Art Wegweiser für ein gutes und glückliches Leben mit Gott und den Menschen. Sie lassen sich zusammenfassen in dem wichtigsten Gebot Gottes: „Du sollst den Herrn, deinen Gott, lieben mit ganzem Herzen … und deinen Nächsten sollst du lieben wie dich selbst" (Lk 10,27).

1. Gebot: Du sollst keine anderen Götter neben mir haben.

Gott, der uns erschaffen hat, möchte auch der Mittelpunkt unseres Lebens sein. Alles Schöne, das wir jeden Tag empfangen und genießen, ist gut und wichtig. Gott aber ist das Höchste und Wichtigste in unserem Leben. Und deswegen lädt er uns ein, unser ganzes Vertrauen auf ihn allein zu setzen.

Das erste Gebot ruft nicht zum heiligen Krieg gegen die Götter anderer Religionen auf, sondern ist eine Kampfansage an all die Götzen (Reichtum, Karriere ...), vor denen heute so viele Menschen niederknien. „In diesem Gebot", sagt der Reformator Martin Luther (1483–1546), „ist das ganze spätere Evangelium zusammengefasst: Vertraue Gott bedingungslos und ohne Angst!"

2. Gebot: Du sollst den Namen Gottes nicht verunehren.

Gott will nicht, dass wir seinen Namen missbrauchen, dass wir ihn nicht gedankenlos aussprechen sollen, dass wir ihn nicht im Fluch benutzen. Er möchte, dass wir ehrfürchtig von ihm sprechen. Er fordert uns auf, dass wir seinen Namen heilig halten und nur mit Ehrfurcht und lobend aussprechen.

Im Psalm 113 heißt es: „Lobt, ihr Knechte des Herrn, lobt den Namen des Herrn! Der Name des Herrn sei gepriesen von nun an bis in Ewigkeit. Vom Aufgang der Sonne bis zu ihrem Untergang sei gelobt der Name des Herrn" (1–3).

3. Gebot: Du sollst den Sonntag heiligen.

Gott möchte, dass wir am Sonntag ausspannen und uns erholen. Denn auch er ruhte, nachdem er Himmel und Erde geschaffen hatte: „Am siebten Tag vollendete Gott das Werk, das er gemacht hatte, und er ruhte am siebten Tag, nachdem er sein ganzes Werk gemacht hatte" (Gen 2,2).

Gott will aber auch, dass wir den Sonntag heiligen. Das heißt: Dieser Tag soll ganz ihm gehören. Christen tun dies, indem sie am Sonntag zusammenkommen, um miteinander Eucharistie zu feiern: gemeinsam auf Gottes Wort hören, gemeinsam beten und singen und gemeinsam Mahl halten. Sie danken Gott für alles, was er jeden Tag für sie tut.

4. Gebot: Du sollst Vater und Mutter ehren.

Wenn Gott in diesem Gebot von den Kindern fordert, ihre Eltern zu ehren, dann bedeutet das: Kinder sollen Vater und Mutter achten und sie für wichtig nehmen. Sie sollen gut zu ihnen sein und sie lieben. Eltern sind für ihre Kinder Stellvertreter Gottes auf Erden.

Die Eltern zu ehren, gilt auch und gerade dann, wenn diese alt und einfältig geworden sind. Im Buch Jesus Sirach heißt es: „Kind, nimm dich deines Vaters im Alter an und kränke ihn nicht, solange er lebt! Wenn er an Verstand nachlässt, übe Nachsicht und verachte ihn nicht in deiner ganzen Kraft!" (Sir 3,12–13).

5. Gebot: Du sollst nicht töten.

Töten meint nicht nur das Auslöschen eines Lebens, sondern umfasst alles, was die Seele eines Menschen schwer verletzen kann. Dazu gehören Misshandlungen, Gemeinheiten, Streitereien, Drohungen, dummes und gedankenloses Reden und Tun, also Grausamkeiten verschiedenster Art.

Gott will, dass wir uns wie gute Brüder zueinander verhalten. Wir sollen daran mitwirken, dass niemand mehr unterdrückt und verfolgt, dass keiner gequält und verspottet wird. Wir sollen uns dafür einsetzen, dass die Güter dieser Welt gerecht verteilt werden und dass niemand mehr hungern und sterben muss. Wo dies geschieht, geschieht der Wille Gottes.

6. Gebot: Du sollst nicht die Ehe brechen.

Gott verlangt von den Eheleuten: Sie sollen einander die Treue halten, ein Leben lang. Er will, dass Vater und Mutter in guten und in bösen Tagen immer fest zusammenhalten. „Was Gott verbunden hat, das darf der Mensch nicht trennen", heißt es im Matthäusevangelium (19,6).

Gott will, dass sich Ehepartner füreinander verantwortlich fühlen. Gott selbst ist unendlich treu und deshalb verlangt er auch von ihnen, dass sie treu sind, dass sie einander achten und lieben. Ehebruch und Auflösung einer Ehe greifen immer Gott selbst an, weil seine Liebe auch in jeder Ehe zum Ausdruck kommen und sie zusammenhalten will.

7. Gebot: Du sollst nicht stehlen.

Dieses Gebot fordert Achtung vor dem Eigentum anderer. Wir Menschen können nur dann gut zusammenleben, wenn wir ehrlich sind und nicht das Geringste von dem nehmen, was uns nicht gehört.

„Wer sagt: Meines ist meines und deines ist deines – der hat mittelmäßige Eigenschaften. Wer sagt: Meines ist deines und deines ist meines – der ist ein gewöhnlicher Mensch. Wer sagt: Meines ist deines und deines ist deines – der ist ein Heiliger. – Wer jedoch sagt: Deines ist meines und meines ist meines – der ist ein Bösewicht" (jüdische Weisheit).

8. Gebot: Du sollst gegen deinen Nächsten nicht falsch aussagen.

Gott verlangt von uns, dass wir wahrhaftig sind. Wer die Wahrheit spricht, sorgt für Vertrauen und Zuverlässigkeit. Wir können nur dann mit anderen gut zusammenleben, wenn wir nicht anders reden und uns nicht anders benehmen, als wir im Herzen denken.

Die Lüge verdirbt das Herz, zerstört das Miteinander, stiftet viel Unheil unter den Menschen und – sie wird immer größer! „Eine Lüge ist ein Schneeball. Je länger man ihn wälzt, desto größer wird er", sagt Martin Luther.

9. Gebot: Du sollst nicht begehren deines Nächsten Frau.

Dieses Gebot führt das, was im sechsten Gebot gefordert wird, weiter und verschärft es noch.

Die Liebe ist kein Spiel, sondern eine von Gott gesegnete und geheiligte Verantwortung der Eheleute füreinander. Was allein wichtig und entscheidend ist, sagt ein Wort aus dem Buch Rut: „Wohin du gehst, dahin gehe auch ich, und wo du bleibst, da bleibe auch ich" (1,16).

10. Gebot: Du sollst nicht begehren deines Nächsten Hab und Gut.

Dieses Gebot hängt eng mit dem siebten Gebot zusammen. Jeder Mensch hat ein Recht darauf, dass das, was er besitzt, von anderen Menschen respektiert und nicht angetastet wird.

Wer sich fremdes Eigentum aneignet, sündigt gegen Gottes Gebot. Wer dagegen aus Liebe zu Gott ein offenes Herz für den Nächsten hat und seinen Besitz mit ihm teilt, sammelt, wie Jesus in der Bergpredigt sagt, hier auf der Erde „Schätze im Himmel" (Mt 6,20).

Ave-Maria, Credo, Vaterunser –

die Grundgebete

Beten

Das Christsein eines Menschen steht und fällt mit dem Beten. Im Gebet findet die Grundhaltung des Menschen vor Gott ihren Ausdruck: das gläubige Sichöffnen, das demütige und dankbare Empfangen, das Ergriffen- und Beglücktsein von Gott. Vom großen Kirchenlehrer Augustinus (354–430) stammt das Wort: „Wer richtig zu beten weiß, weiß auch richtig zu leben."

Die nachfolgenden Grundgebete – gleichsam eine „eiserne Ration" für das Leben eines Christen – bringen das Wesentliche des Glaubens zum Ausdruck. Sie wollen helfen, den Glauben auszusprechen und einzuüben.

Das Kreuzzeichen

Im Namen des Vaters und des Sohnes
und des Heiligen Geistes. Amen.

Das Kreuzzeichen ist eine alte Segensform (vermutlich seit dem 2. Jahrhundert), ein Zeichen der Erlösung. Christen beginnen ihr persönliches und gemeinschaftliches Beten meist mit dem Kreuzzeichen und sagen: „Im Namen des Vaters und des Sohnes und des Heiligen Geistes." Sie machen ein Kreuzzeichen beim Betreten der Kirche, zu Beginn des Gottesdienstes und bei der Entsendung aus der Kirche. Sie denken daran, dass Jesus, die Mitte ihres Glaubens, für sie am Kreuz gestorben ist und nie aufgehört hat, sie zu lieben.

Ehre sei dem Vater (Kleiner Lobpreis)

Ehre sei dem Vater und dem Sohn
und dem Heiligen Geist, wie im Anfang,
so auch jetzt und allezeit und in Ewigkeit.
Amen.

Das „Ehre sei dem Vater" wird auch der „Kleine Lobpreis" genannt – im Unterschied zum „Großen Lobpreis", dem Gloria der heiligen Messe. Der Kleine Lobpreis stammt aus dem vierten Jahrhundert.

Viele Christen beginnen oder beschließen ihr Beten mit dem „Ehre dem Vater". Sie wissen: Alles, was wir sind und was wir haben, haben wir vom dreifaltigen Gott empfangen. Darum müssen wir ihn ehren, ihm Lob und Dank sagen.

Schuldbekenntnis

Ich bekenne Gott, dem Allmächtigen, und allen Brüdern und Schwestern, dass ich Gutes unterlassen und Böses getan habe – ich habe gesündigt in Gedanken, Worten und Werken durch meine Schuld, durch meine Schuld, durch meine große Schuld. Darum bitte ich die selige Jungfrau Maria, alle Engel und Heiligen und euch, Brüder und Schwestern, für mich zu beten bei Gott, unserem Herrn.

Schuld besteht darin, dass Menschen etwas tun oder reden, was nicht in Ordnung ist. Kein Mensch lebt, ohne in Gedanken, Worten, Werken und Versäumnissen schuldig zu werden an den Mitmenschen und vor Gott, dem Schöpfer des Lebens. Deshalb sagen wir Gott im Schuldbekenntnis, dass wir Schuld auf uns geladen haben. Wir bekennen vor ihm, dass wir Böses getan und Gutes nicht getan haben.

Das Vaterunser

Vater unser im Himmel,
geheiligt werde dein Name.
Dein Reich komme.
Dein Wille geschehe,
wie im Himmel, so auf Erden.
Unser tägliches Brot gib uns heute.
Und vergib uns unsere Schuld,
wie auch wir vergeben unsern Schuldigern.
Und führe uns nicht in Versuchung,
sondern erlöse uns von dem Bösen.
Denn dein ist das Reich und die Kraft
und die Herrlichkeit in Ewigkeit.
Amen.

Das Vaterunser ist das schönste und kostbarste Gebet, das Christen besitzen. Es wird auch das „Gebet des Herrn" genannt, weil Jesus selbst es seine Jünger gelehrt hat. Im Neuen Testament ist es in zwei Evangelien überliefert, dem nach Matthäus (6,9–13) und – in etwas kürzerer Fassung – dem nach Lukas (11,2–4). Die für alle christlichen Gemeinschaften gemeinsame deutsche Fassung wurde im Jahr 1968 eingeführt.

Gegrüßet seist du, Maria (Ave-Maria)

Gegrüßet seist du, Maria,
voll der Gnade,
der Herr ist mit dir.
Du bist gebenedeit unter den Frauen
und gebenedeit ist die Frucht
deines Leibes, Jesus.
Heilige Maria, Mutter Gottes,
bitte für uns Sünder
jetzt und in der Stunde unseres Todes.
Amen.

Das „Gegrüßet seist du, Maria", das wir auf Lateinisch auch „Ave-Maria" nennen, ist das bekannteste und beliebteste aller Mariengebete. Viele Menschen beten es täglich – am Morgen, am Mittag, am Abend oder irgendwann am Tag.

Engel des Herrn (Angelus)

Vorbeter: Der Engel des Herrn brachte Maria die Botschaft,

Alle: und sie empfing vom Heiligen Geist.

Gegrüßet seist du, Maria ...

V: Maria sprach: Siehe, ich bin die Magd des Herrn;

A: mir geschehe nach deinem Wort.

Gegrüßet seist du, Maria ...

V: Und das Wort ist Fleisch geworden

A: und hat unter uns gewohnt.

Gegrüßet seist du, Maria ...

V: Bitte für uns, heilige Gottesmutter,

A: dass wir würdig werden der Verheißung Christi.

V: Lasset uns beten. − Allmächtiger Gott, gieße deine Gnade in unsere Herzen ein. Durch die Botschaft des Engels haben wir die Menschwerdung Christi, deines Sohnes, erkannt. Lass uns durch sein Leiden und Kreuz zur Herrlichkeit der Auferstehung gelangen. Darum bitten wir durch Christus, unsern Herrn.

A: Amen.

Man nennt dieses Gebet auch „Angelus" nach dem lateinischen Wort für „Engel". Es ist schon über sechshundert Jahre alt.

Der „Engel des Herrn" erinnert an den Besuch des Engels Gabriel bei Maria, als er ihr die Botschaft überbringt, sie soll die Mutter Jesu werden. Das Gebet besteht aus drei Bibelstellen, denen je ein „Gegrüßet seist du, Maria" folgt.

An vielen Orten läuten morgens, mittags um 12 Uhr und abends oder auch nur einmal am Tag die Kirchenglocken. Dann unterbrechen viele gläubige Menschen ihre Arbeit und beten den „Engel des Herrn". Man nennt dieses Läuten der Kirchenglocken auch das Angelusläuten. Es soll uns daran erinnern, dass Gott sein Wort gehalten hat: Er sandte uns seinen Sohn, um die Welt zu erlösen.

Der Gute-Hirte-Psalm (Psalm 23)

Der Herr ist mein Hirt,
nichts wird mir fehlen.
Er lässt mich lagern auf grünen Auen
und führt mich zum Ruheplatz am Wasser.
Meine Lebenskraft bringt er zurück.
Er führt mich auf Pfaden der Gerechtigkeit
getreu seinem Namen.
Auch wenn ich gehe
im finsteren Tal,
ich fürchte kein Unheil;
denn du bist bei mir,
dein Stock und dein Stab,
sie trösten mich.
Du deckst mir den Tisch
vor den Augen meiner Feinde.
Du hast mein Haupt
mit Öl gesalbt,
übervoll ist mein Becher.
Ja, Güte und Huld
werden mir folgen
mein Leben lang
und heimkehren werde ich
ins Haus des Herrn
für lange Zeiten.

David, einer der großen Könige Israels, hat diesen Psalm verfasst. Er war selbst Hirte, bevor er zum König auserwählt wurde. Er wusste, was es heißt, sich um eine Herde zu kümmern.

Psalm 23 besingt, dass Jesus unser aller Hirte ist. Wie ein Schaf auf saftiger Weide finden wir bei ihm alles, was wir zum Leben brauchen. Stets begleitet er uns auf unseren Wegen. Selbst im dunkelsten Tal kann uns nichts geschehen, weil er bei uns ist.

Der Rosenkranz

Der Rosenkranz ist eine Gebetsschnur, auf der Perlen aufgereiht sind. Die Perlen wandern durch die Hand und dabei betet man: bei der großen Perle ein Vaterunser, bei der kleinen Perle ein Ave-Maria.

Der Rosenkranz fünf „Gesätze" mit je zehn Ave-Maria. Bei jedem Gesätz wird ein „Geheimnis" aus dem Leben Jesu genannt. Es gibt fünf freudenreiche, fünf lichtreiche, fünf schmerzhafte, fünf glorreiche und fünf trostreiche Geheimnisse.

Obwohl sich der Rosenkranz vor allem an Maria wendet, ist er eigentlich ein Jesusgebet. Wir schauen mit der Gottesmutter auf Jesus, ihren Sohn. Wir betrachten sein Leben, Leiden und Auferstehen, erkennen seine Liebe und können alle unsere Sorgen vor ihn hinlegen (vgl. Gotteslob Nr. 4).

Vater,
Sohn und
Heiliger Geist –

das Bekenntnis

Das Glaubensbekenntnis

Wenn wir Christen von Nichtchristen gefragt werden: „Woran glaubt ihr eigentlich?", können wir auf das Apostolische Glaubensbekenntnis hinweisen. In diesem Glaubensbekenntnis sind die wesentlichen Inhalte des christlichen Glaubens kurz zusammengefasst. Wir nennen es auch das „Credo". Das ist ein lateinisches Wort und heißt übersetzt „Ich glaube".

Wir beten das Glaubensbekenntnis jeden Sonntag in der Feier der heiligen Messe (nach dem Evangelium oder der Predigt). Zusammen mit dem Priester (Diakon) bekennen wir darin unseren Glauben an Gott den Vater und den Sohn und den Heiligen Geist und erinnern uns an die Nähe und Liebe des dreifaltigen Gottes zu uns Menschen.

Das Apostolische Glaubensbekenntnis ist das alte Taufbekenntnis der Kirche von Rom und stammt aus dem vierten Jahrhundert.

Dieses alte und wichtige Gebet der Christen hat folgenden Wortlaut:

Ich glaube an Gott,
den Vater, den Allmächtigen,
den Schöpfer des Himmels und der Erde,
und an Jesus Christus,
seinen eingeborenen Sohn, unsern Herrn,
empfangen durch den Heiligen Geist,
geboren von der Jungfrau Maria,
gelitten unter Pontius Pilatus,
gekreuzigt, gestorben und begraben,
hinabgestiegen in das Reich des Todes,
am dritten Tage auferstanden
von den Toten,
aufgefahren in den Himmel;
er sitzt zur Rechten Gottes,
des allmächtigen Vaters;
von dort wird er kommen,
zu richten die Lebenden und die Toten.
Ich glaube an den Heiligen Geist,
die heilige christliche/katholische Kirche,
Gemeinschaft der Heiligen,
Vergebung der Sünden,
Auferstehung der Toten
und das ewige Leben. Amen.

Im Mittelpunkt des Glaubensbekenntnisses steht der Glaube an den dreifaltigen Gott: an Gott – Vater, an Gott – Sohn (Jesus), und an den Heiligen Geist. Wer dieses Bekenntnis gläubig betet, tritt mit Gott, dem höchsten Ziel des menschlichen Lebens, in eine enge Verbindung und lässt sich nicht von fragwürdigen Lösungen und Wegen ablenken, die ihm Glück und Zufriedenheit versprechen.

Eine bekannte Darstellung der Dreifaltigkeit ist seit der Gotik (12.–15. Jh.) der Gnadenstuhl: Gott Vater hält den gekreuzigten Sohn in seinen Händen. Der Heilige Geist schwebt in Form einer Taube über den beiden.

Gottvater

Für Christen ist Gott der Herr und Schöpfer der Welt und des Menschen. Er ist der Ursprung von allem und steht am Beginn von Zeit und Ewigkeit. Gott ist immer gewesen und wird immer sein, er hat keinen Anfang und kein Ende. Wie die Welt und das Leben auf ihr durch ihn entstanden ist, steht im ersten Buch der Bibel (Gen 1,1–2,4a) beschrieben.

Vor langer Zeit hat Mose den Namen Gottes erfahren. Und das geschah so: Das Volk der Israeliten war in Ägypten in der Gefangenschaft. Dort mussten sie als Sklaven schwere Arbeiten verrichten und viel leiden. In ihrer Not beteten die Israeliten zu Gott und baten um Hilfe. Da wählte Gott Mose, einen Schafhirten, aus, damit er die Israeliten von Ägypten in ein anderes Land führe. Gott erschien Mose in einem brennenden Dornbusch und gab ihm den Auftrag. Da fragte Mose: „Was soll ich denn den Leuten sagen, wenn sie mich fragen, wer du bist und wie du heißt?" Gott antwortete ihm: Ich bin der „Ich bin da" (vgl. Ex 3,1–15). Das also ist der Name Gottes. Gott ist immer da, mitten unter seinem Volk. Das galt damals für die Israeliten. Und das gilt auch heute für uns.

In Kirchen finden wir Gott oft als Vater dargestellt. Das will sagen: Gott ist wie ein guter Vater zu uns Menschen. Er ist für uns da, wie ein guter Vater für seine Kinder da ist. Jesus hat ihn im Gebet mit dem aramäischen Wort „Abba" (das heißt Vater, Papa) angesprochen. „Abba, Vater, alles ist dir möglich. Nimm diesen Kelch von mir!", betete er in seiner Todesangst im Garten Getsemani (Mk 14,36). Und heute tun wir das noch immer, wenn wir das Vaterunser beten.

Sohn Gottes (Jesus)

Jesus (hebr. Josua = JAHWE ist Rettung) ist der Sohn Gottes. Er kommt direkt von Gott, ist Kind seines Vaters im Himmel. Durch den Heiligen Geist wurde die Jungfrau Maria schwanger und brachte ihn als Kind zur Welt. Lukas und Matthäus erzählen, dass nicht Josef es war, der Jesus mit Maria gezeugt hat: „Bevor sie zusammengekommen waren, zeigte sich, dass sie ein Kind erwartete" (Mt 1,18). Josef erfuhr im Traum durch einen Engel Gottes, dass Gott der Vater des Kindes seiner Verlobten war. Er nahm ihn auf Rat des Engels als sein Kind an, gab ihm am achten Tag nach der Geburt seinen Namen und zog ihn auf.

Als Jesus erwachsen war, zog er mit seinen Freunden und Freundinnen im Land umher. Jesus erzählte den Menschen von Gott und lud sie ein, ihm nachzufolgen. „Gott ist für alle da, für große und für kleine Leute", sagte er. Jesus tat viel Gutes für die Menschen. Er heilte Kranke und war auch bei denjenigen zu Gast, die von anderen aus der Gemeinschaft ausgeschlossen worden waren. Er wünschte sich, dass alle einander lieben sollten (Lk 7–8).

Doch Jesus hatte nicht nur Freunde, sondern auch Feinde. Sie sagten: „Dieser Mensch tut so, als ob er Gott selbst wäre. Das dürfen wir nicht zulassen." Jesus wurde durch den römischen Statthalter Pontius Pilatus zum Tode verurteilt und musste am Kreuz sterben (Mt 27,31 ff.). Doch Gott hat seinen Sohn vom Tode auferweckt. Seitdem lebt Jesus bei Gott.

Am Ende der Zeit, wenn alle Menschen (Lebende und Tote) gerichtet werden, wird Jesus in Herrlichkeit wiederkommen und uns zu sich holen. Schon die ersten Christen glaubten daran: „Wir werden ihn sehen, wie er ist, und wir werden ihm ähnlich sein." Wann das sein wird, wissen wir nicht. Bis zu diesem Tag können wir uns auf die Begegnung mit Jesus vorbereiten, indem wir sein Werk hier auf Erden fortsetzen und so leben, wie er es möchte.

Jesus sagt von sich selbst: „Ich bin der Weg und die Wahrheit und das Leben; niemand kommt zum Vater außer durch mich" (Joh 14,6). Jesus zeigt den Menschen, wie sie in ihrem Leben zu Gott finden können. Wer ihm nachfolgt, ist auf dem richtigen Weg.

Heiliger Geist

Nach christlichem Glauben ist der Heilige Geist neben dem Vater und dem Sohn die dritte Person des dreifaltigen Gottes. Er begegnet uns bei der Verheißung der Geburt Jesu an Maria durch den Engel Gabriel: „Heiliger Geist wird über dich kommen und Kraft des Höchsten wird dich überschatten" (Lk 1,35).

Als Jesus von Johannes im Jordan getauft wurde, schwebte der Heilige Geist über ihm in Gestalt einer Taube herab und eine Stimme aus dem Himmel sprach: „Du bist mein geliebter Sohn, an dir habe ich Wohlgefallen gefunden" (Lk 3,22). Am Pfingsttag kam der Heilige Geist in Feuerzungen auf die Jünger herab: „Und alle wurden vom Heiligen Geist erfüllt und begannen, in anderen Sprachen zu reden, wie es der Geist ihnen eingab" (Apg 2,4).

In der christlichen Kunst wird der Heilige Geist oft in Gestalt einer Taube dargestellt. Häufig wird er auch als der „Zeigefinger der rechten Hand Gottes" bezeichnet. Im Pfingstlied „Komm, Schöpfer Geist, kehr bei uns ein" heißt es: „O Finger Gottes, der uns führt" (Gl 351,3). Wie ein Zeigefinger die Richtung zeigt, so zeigt der Heilige Geist den Christen den richtigen Lebensweg. Er macht ihnen Mut, wie Jesus

ihren Weg in der Welt zu gehen und anderen die gute
Nachricht von Gott zu bringen.

Neben dem Glauben an den dreifaltigen Gott ist im
Apostolischen Glaubensbekenntnis vom Glauben an
die heilige christliche/katholische Kirche, die Gemeinschaft der Heiligen, die Vergebung der Sünden,
die Auferstehung der Toten und das ewige Leben die
Rede.

Konzile,
Thesen,
Kirchentage –

Kirchengeschichte

Römisches Reich und Spätantike

ca. 4 v. Chr. Geburt Jesu

30 oder 33 n. Chr. Tod und Auferstehung Jesu

um 43 In Antiochia werden die Anhänger Jesu erstmals „Christen" genannt.

um 45 Erste Missionsreise des Apostels Paulus

48/49 Apostelkonzil in Jerusalem – Befreiung der Heidenchristen vom jüdischen Gesetz

ab 50 bis um 100 Abfassung der Texte des Neuen Testaments

um 63/67 Märtyrertod der Apostel Petrus und Paulus in Rom, Christenverfolgung unter Kaiser Nero

um 200 Erste christliche Gemeinden in der römischen Provinz Germanien

um 250 und 304 Christenverfolgungen

um 272 Antonius der Große begründet in der Wüste Ägyptens das eremitische Mönchtum.

313 Kaiser Konstantin der Große erklärt das Christentum zur erlaubten Religion.

um 320 Pachomius der Ältere begründet in Ägypten das gemeinschaftliche Ordensleben.

325 Das I. Ökumenische Konzil in Nizäa definiert den Glaubenssatz, dass Jesus Christus und Gottvater wesensgleich sind.

381 Das II. Ökumenische Konzil in Konstantinopel definiert die Lehre von der Gottheit des Hl. Geistes und das Große Glaubensbekenntnis.

431 Das III. Ökumenische Konzil erkennt Maria den Titel „Gottesgebärerin" zu.

496 oder 497 Taufe des Merowingerkönigs Chlodwig. Die Verbindung von Germanentum und Katholizismus begründet das christliche Europa.

451 Das IV. Ökumenische Konzil in Ephesus definiert die Lehre der zwei Naturen Christi. Die armenische, syrische, koptische und äthiopische Kirche lehnen diese Lehre ab.

536 Benedikt von Nursia begründet mit seiner Ordensregel das abendländische Mönchtum.

596 Beginn der Missionierung der Angelsachsen

Mittelalter

7./8. Jh. Irische und angelsächsische Mönche (Willibrord, Bonifatius) missionieren im Gebiet östlich des Rheins und gründen Klöster und Bistümer.

787 Bilderstreit im Byzantinischen Reich. Das VII. Ökumenische Konzil in Nizäa bestätigt die Bilderverehrung.

826 Ansgar missioniert in Dänemark und Schweden.

863 Die Slawenapostel Cyrill und Methodius werden ins Großmährische Reich ausgesandt.

909 Gründung des Klosters Cluny, das zum Ausgangspunkt einer Klosterreform wird

966 Taufe des Herzogs Mieszko I. von Polen

988 Taufe des Großfürsten Wladimir von Kiew

um 1000 Annahme des Christentums in Ungarn, Norwegen und Island

1054 „Morgenländisches Schisma" – Kirchenspaltung zwischen katholischer und orthodoxer Kirche

1096–1270 Kreuzzüge

11./12. Jh. Gründung neuer Orden: Kartäuser, Zisterzienser, Johanniter, Templer, Prämonstratenser, Karmeliter

13. Jh. Gründung des Franziskaner- und des Dominikanerordens

1309–1377 Exil der Päpste in Avignon

1378–1417 Abendländisches Papstschisma

1455 Johannes Gutenberg druckt erstmals die Bibel.

Neuzeit

1492 Entdeckung Amerikas – Beginn der Mission in Mittel- und Südamerika

1517 Der Thesenanschlag Martin Luthers leitet die Reformation ein, die weite Teile Deutschlands und Europas erfasst.

1534 Ausgabe der ersten vollständigen Lutherbibel

1534 Trennung der englischen Kirche von Rom, Entstehung der anglikanischen Kirche

1540 Gründung des Jesuitenordens

1545–1563 Konzil von Trient – Festigung und Erneuerung der katholischen Kirche

1555 Augsburger Religionsfrieden – Anerkennung der Lutheraner als zweite christliche Konfession in Deutschland

17. Jh. Gründung neuer Orden: Salesianerinnen, Vinzentinerinnen, Trappisten, Borromäerinnen

1648 Westfälischer Frieden – Anerkennung der Reformierten als dritte christliche Konfession in Deutschland

1722 Nikolaus von Zinzendorf gründet die Herrnhuter Brüdergemeine.

1789–1795 Französische Revolution: Aufhebung nicht karitativer Orden, Enteignung der Kirche, Abschaffung des Sonntags und des Christentums; ab 1795 wieder Duldung des Christentums

Vom 19. bis zum 21. Jahrhundert

ab 1830 Industrialisierung und Verelendung breiter Bevölkerungsschichten – katholische (Kolping) und evangelische Christen (Wichern) widmen sich der sozialen Frage.

1869/70 Erstes Vatikanisches Konzil (Unfehlbarkeit des Papstes, Abwehr des Modernismus)

1871–1887 Kulturkampf gegen die katholische Kirche in Deutschland

1910 Protestantische Missionskonferenz von Edinburgh – Vorläufer der Ökumenischen Bewegung

1917 Oktoberrevolution in Russland – Beginn einer Christenverfolgung

1929 Lateranverträge – Schaffung des Vatikanstaates

1933 Reichskonkordat zwischen Deutschland und dem Vatikan und Beginn des lautlosen Kirchenkampfes in Deutschland

1940 Gründung der Bruderschaft von Taizé

nach 1945 Christenverfolgung in Osteuropa und China

1962–1965 Zweites Vatikanisches Konzil (Liturgiereform, Ökumenismusdekret)

1992 „Weltkatechismus" der katholischen Kirche erscheint.

1999 Unterzeichnung der „Gemeinsamen Erklärung zur Rechtfertigungslehre" zwischen der katholischen und der evangelisch-lutherischen Kirche

2003 Erster Ökumenischer Kirchentag in Berlin

2016 Revidierte Fassungen der Einheitsübersetzung und der Lutherbibel erscheinen

Petrus, Blasius,
St. Martin –

die
Heiligen

Glaubenszeugen

Heilige sind Menschen, die Gott ganz gehören wollen. Sie versuchen, ihr Leben wie Jesus zu leben und bringen das Evangelium in die Welt. So dienen sie Gott und den Menschen in ganz besonderer Weise.

Es gab zu allen Zeiten Heilige. Märtyrer waren dabei, Einsiedler, Mönche, Fürstentöchter, Könige oder einfache Arbeiter und Bauern. Auch heute gibt es noch viele Heilige, Frauen und Männer, bekannte und unbekannte.

In unseren Kirchen finden wir oft Bilder und Figuren von Heiligen. Wir erkennen sie an den verschiedenen Gegenständen, die sie bei sich tragen. So hat Petrus immer einen Schlüssel bei sich, Barbara einen Turm oder einen Kelch oder Nikolaus drei goldene Äpfel.

Der heilige Benedikt, der Gründer des Benediktinerordens, wird oft mit einem Raben dargestellt. Die Legende erzählt, dass täglich ein Rabe zu seiner Höhle kam. Diesen fütterte er von dem wenigen, das er hatte. Der Diakon Stephanus wurde gesteinigt, deshalb stellt man ihn mit Steinen dar.

Wir danken Gott für die vielen Heiligen, die er uns geschenkt hat. Sie begleiten uns auf unserem Lebensweg als gute Freunde und zeigen uns, wie wir heute mit Gott leben können.

Große Heilige in der Geschichte

Martin von Tours

Martin (Fest am 11. November) wurde um 316 als Sohn eines römischen Hauptmanns geboren. Auf  Wunsch des Vaters wurde er Soldat. Nach der Legende schenkte er am Stadttor von Amiens die Hälfte seines Soldatenmantels einem Bettler. In der folgenden Nacht erschien ihm Christus mit dem Mantelstück bekleidet. Mit 18 Jahren verließ er die Armee, um nur noch für Jesus da zu sein. Er wurde Priester und später Bischof von Tours, gründete Klöster und half besonders den Armen.

Bonifatius

Bonifatius kam in England zur Welt und wird der „Apostel der Deutschen" genannt. Als Missionar verbreitete er das Evangelium in weiten Teilen Deutschlands. Er gründete Bistümer, baute Klöster, weihte Priester und ordnete das Leben der Kirche. In Mainz ließ er sich als Bischof nieder. Bei einer Missionsreise nach Friesland wurde er im Jahr 754 erschlagen. Das Grab des Heiligen ist in Fulda, wo sich die deutschen Bischöfe einmal im Jahr versammeln. Sein Fest wird am 5. Juni gefeiert.

Franz von Assisi

Franz von Assisi (1181–1226), Sohn eines reichen italienischen Kaufmanns, ist der Gründer des Franziskanerordens. Er lebte radikal das Evangelium, indem er sein Leben vollkommen in die Nachfolge des armen und leidenden Jesus stellte. Gegen Ende seines Lebens empfing er an seinen Händen und Füßen die Wundmale Jesu (Stigmata). Sein Fest feiert die Kirche am 4. Oktober.

Hedwig von Schlesien

Hedwig (1174–1243) wurde von ihrer Tante im Benediktinerinnenkloster in Kitzingen erzogen und mit 18 Jahren mit Herzog Heinrich I. von Schlesien verheiratet. Sie half ihrem Mann bei der Kultivierung Schlesiens, rief viele Orden ins Land, kümmerte sich um Arme und Kranke und verbesserte das Los der Strafgefangenen. Nach dem Tod ihres Mannes trat sie in das Kloster Trebnitz als Ordensfrau ein. Das Fest der heiligen Herzogin ist am 16. Oktober.

Elisabeth von Thüringen

Elisabeth ist die große Heilige der Nächstenliebe. Als Tochter des ungarischen Königs wurde sie auf der Wartburg erzogen. In glücklicher Ehe lebte sie mit Landgraf Ludwig von Thüringen. Sie war Mutter von drei Kindern. Sehr früh Witwe, kümmerte sie sich besonders um die Armen und Kranken. Sie starb am 17. November 1231 in Marburg. Das Fest der Heiligen ist am 19. November.

Don Bosco

Der Priester Johannes Bosco (1815–1888) legte den Schwerpunkt seiner seelsorglichen Arbeit auf die Betreuung und Förderung armer und heimatloser Jugendlicher in Turin. Er richtete für die Jungen Heime und Schulen ein, gründete Ausbildungsstätten und begeisterte sie für den Glauben. Don Bosco gründete den Salesianerorden und gemeinsam mit Maria Mazzarello die Genossenschaft der Mariahilfschwestern. Das Fest des Heiligen ist am 31. Januar.

Maximilian Kolbe

Im Heiligenkalender der Kirche steht am 14. August Pater Maximilian Kolbe. Papst Johannes Paul II. hat den „Märtyrer der Nächstenliebe" für seine Heldentat im Konzentrationslager Auschwitz heiliggesprochen. Was war passiert? Im Lager war ein Häftling entflohen. „Dafür müssen zehn andere in der Todeszelle verhungern", sagte der Lagerleiter. Die Wärter wählten zehn Unschuldige aus. Da trat Pater Kolbe hervor, zeigte auf einen der Verurteilten und sagte: „Tötet diesen Mann nicht! Er hat Frau und Kinder. Nehmt stattdessen mich, ich bin ein katholischer Priester und habe keine Familie!" Maximilian Kolbe starb im Jahre 1941.

Johannes XXIII.

Papst Johannes XXIII. (1881–1963) wurde vom Volk wegen seiner Herzenswärme und seiner Liebe zu Gott und den Menschen geschätzt und verehrt. Nicht mit wortreichen Programmen, sondern mit seinem beispielhaften Leben ist dieser Papst auf die Armen, Kranken und Kleinen zugegangen und hat den Menschen die Mütterlichkeit der Kirche gezeigt. Johannes XXIII., der das Zweite Vatikanische Konzil (1962–1965) einberief, wurde am 27. April 2014 heiliggesprochen.

Die vierzehn Nothelfer

Die vierzehn Nothelfer sind Heilige, die in besonderen Notlagen angerufen werden. Ihre Verehrung kam infolge der Pest und sozialer Nöte im 14. Jahrhundert auf und hat sich bis in die Gegenwart erhalten. Lebendiges Brauchtum rankt sich um ihre Heiligenfeste. Die nachfolgend genannten Heiligen sind als Beispiele aufgeführt.

Barbara

Barbara war die Tochter eines heidnischen Kaufmanns, eines fanatischen Christenhassers. Während einer längeren Abwesenheit des Vaters bekehrte sich die in einem Turm eingeschlossene Barbara zum Christentum. Darauf schleppte sie der erzürnte Vater vor Gericht, das Barbara nach grausamer Marterung zum Tode verurteilte. Der Vater soll im Jahr 306 sein Kind eigenhändig enthauptet haben. Patronin der Bergleute, Architekten, Maurer; Helferin gegen Gewitter und Feuersgefahren; Beschützerin vor einem jähen Tod. – Gedenktag: 4. Dezember.

Blasius

Blasius war Bischof in Armenien. Als Bekenner des christlichen Glaubens wurde er um 316 nach furchtbaren Qualen unter Kaiser Licinius enthauptet. Im Gefängnis rettete er einen Knaben, der eine Fischgräte verschluckt hatte, durch sein Gebet vor dem Erstickungstod. Patron der Ärzte, Weber, Wollhändler; Vieh- und Wetterpatron; Helfer bei Halsleiden und Zahnweh; Beistand für eine gute Beichte. – Gedenktag: 3. Februar.

Christophorus

Christophorus (ursprünglich Reprobus), über den historisch kaum etwas überliefert ist, dürfte um 250 unter Kaiser Decius enthauptet worden sein. Nach der Legende trug er arme Wanderer über einen reißenden Fluss, darunter einst auch das Jesuskind, das ihm zu einer erdrückenden Last wurde. Das göttliche Kind taufte ihn auf den Namen „Christus-Träger". Patron gegen Wasser und Feuersnot, gegen Seuchen und Ungewitter; Patron der Autofahrer und aller Reisenden; Helfer gegen einen unvorhergesehenen Tod. – Gedenktag: 24. Juli.

Eustachius

Eustachius hieß ursprünglich Placidus und lebte um das Jahr 100. Er war ein römischer Heerführer, dem auf der Jagd ein Hirsch mit einem Kreuz zwischen dem Geweih erschien. Darauf bekehrte er sich mit seiner ganzen Familie zum Christentum. Unter Kaiser Hadrian erlitt er um 118 mit Frau und Söhnen den Martertod. Patron der Jäger und Forstleute; Helfer bei Glaubenszweifeln und traurigen Familienschicksalen. – Gedenktag: 20. September.

Georg

Georg war Offizier im römischen Heer. Zur Zeit Kaiser Diokletians wurde er in Nikomedien oder Lydda (Lod) vermutlich um 305 enthauptet. In der Ostkirche wird er als „Erzmärtyrer" verehrt. Schon früh rankten sich zahlreiche fromme Legenden um seine Persönlichkeit. Patron der Ritter, Reiter, Bauern und Pfadfinder; Helfer in Anfechtungen und Zweifeln. – Gedenktag: 23. April.

Katharina

Katharina verteidigte das Christentum vor Kaiser Maxentius (305–312) und gegen 50 heidnische Philosophen, die sich daraufhin bekehrten und ein qualvolles Martyrium erlitten. Als Katharina gerädert werden sollte, zerbrach das Rad und man enthauptete sie (um 310). Ihr Leib wurde nach der Legende von Engeln zum Berg Sinai gebracht und dort begraben. Patronin der Gelehrten und Studierenden; Helferin bei Migräne, Krankheiten der Zunge und in vielen Ängsten. – Gedenktag: 25. November.

Vitus

Vitus (Veit) wurde von seinem Erzieher und seiner Amme heimlich christlich erzogen und getauft. Sein heidnischer Vater versuchte vergebens, seinen Sohn vom Glauben an Gott abzubringen. Unter Kaiser Diokletian, dessen Sohn Vitus von der Epilepsie heilte, wurde er in einen Kessel mit siedendem Öl geworfen (dem er aber unversehrt entstieg) und dann enthauptet (um 304). Vitus war damals sieben (nach anderen Quellen zwölf) Jahre alt. Patron der Jugend; Helfer gegen Epilepsie (Veitstanz). – Gedenktag: 15. Juni.

Anker,
Fisch und
Kreuz –

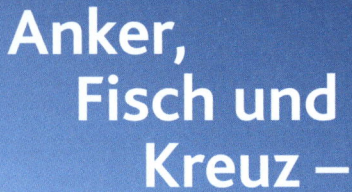

die Symbole

Christliche Zeichen und Symbole

Als Christen haben wir für unser Leben aus dem Glauben viele Symbole. Sie helfen uns, religiös zu leben und die Gemeinschaft mit Gott zu pflegen. Manche Zeichen sind schon viele Tausend Jahre alt, manche stammen aus jüngerer Zeit. Mal stellen die Zeichen etwas Gegenständliches dar (etwa Brot und Wein), mal sind sie eine Handlung (zum Beispiel das Segnen).

Adventskranz

Das wohl bekannteste Symbol des Kirchenjahres ist der Adventskranz. Er begleitet uns durch die vierwöchige Adventszeit und weckt in uns die Vorfreude auf Weihnachten, das Fest der Geburt Jesu. Wie die Frommen im Alten Bund warten auch wir freudig auf die Ankunft des Gotteskindes.

Die grünen Zweige des Adventskranzes sind Zeichen des Lebens und der Hoffnung, die mit Jesus in die Welt kommen. Die roten Kerzen sind ein Zeichen der Liebe Gottes, die uns an Weihnachten geschenkt wird. Und die violette Farbe der Schleifen, die manchen Adventskranz schmücken, ist ein Zeichen der Umkehr und der Sehnsucht.

Anker

Der Anker ist seit der frühen Kirche ein Symbol der Hoffnung. Er diente in biblischer Zeit nicht nur zum Festmachen des Schiffes, sondern auch zum Manövrieren. So wurde er bald zu einem Symbol für die göttliche Hilfe gegen die Stürme der Zeit. Der Christ hegt die Hoffnung, dass er in den Stürmen des Lebens nicht untergeht, sondern sicher in den Hafen der Ewigkeit gelangt.

Asche

Am Aschermittwoch zeichnet der Priester (Diakon) beim Gottesdienst den Gläubigen mit Asche ein Kreuz auf die Stirn und sagt dabei: „Bedenke, Mensch, dass du Staub bist und wieder zum Staub zurückkehren wirst." Die Asche stammt aus den verbrannten Palmzweigen des Vorjahres und ist ein Symbol für Vergänglichkeit, Buße und Reue. Früher wurde Asche auch als Reinigungsmittel verwendet und ist darum auch ein Zeichen für die Reinigung der Seele geworden.

Brot und Wein

Bei der Feier der Messe sehen wir auf dem Altar Brot und Wein – die heiligsten Zeichen, die Christen haben. Das Brot liegt auf einer Patene (einem vergoldeten Teller) oder in einer Brotschale. Der Wein ist in einem meistens aus Gold oder Silber gefertigten Kelch. In Brot und Wein ist Jesus für uns da. Wir denken an das letzte Abendmahl. Da nahm Jesus Brot und Wein in seine Hände, sprach das Dankgebet und sagte zu den Jüngern: „Das ist mein Leib, das ist mein Blut. Tut dies zu meinem Andenken!" Wenn wir zur Feier der heiligen Messe zusammenkommen, wiederholt der Priester am Altar, was Jesus am Abend vor seinem Tod zu seinen Jüngern gesagt hat. Wir hören seine Worte und denken daran, dass Jesus mit seinem Tod sein Blut für uns vergossen hat.

Dreieck mit Auge

Ein Dreieck mit Auge ist ein Symbol für den dreifaltigen Gott. Das meint: Gott schaut seine Schöpfung an. Obwohl er für sich vollkommen ist und niemanden braucht, lässt er sein Werk nicht allein. Er bleibt der Schöpfung zugewandt, vor allem dem Menschen, jedem einzelnen.

Evangelistensymbole

In einer Vision schaut der alttestamentliche Prophet Ezechiel die Herrlichkeit Gottes in vier Lebewesen (Ez 1,1–14), wie dies auch die Offenbarung des Johannes berichtet (Offb 4,6– 8). Die Evangelisten Matthäus, Markus, Lukas und Johannes werden deshalb seit dem 4. Jahrhundert durch vier geflügelte Symbole dargestellt.

Der Mensch ist Zeichen für Matthaus (sein Evangelium beginnt mit der Darlegung der menschlichen Ankunft Jesu), der Löwe Zeichen für Markus (sein Evangelium beginnt mit dem Täufer Johannes, dem „Rufer in der Wüste“), der Stier Zeichen für Lukas (sein Evangelium beginnt mit dem Opfer des Zacharias) und der Adler Zeichen für Johannes (aus ihm spricht der von oben kommende Geist am mächtigsten).

Fels

Der Fels ist in der Bibel ein Symbol für Bodenstän-
digkeit und Festigkeit. Im Alten Testament wird er
als Bild für Gott (Ps 18,52) und Abraham (Jes 51,1 f.)
gebraucht. Im Neuen Testament ist der Fels eine Bezeichnung für Simon Petrus, dem Jesus sagt: „Du bist
Petrus und auf diesen Felsen werde ich meine Kirche
bauen und die Pforten der Unterwelt werden sie nicht
überwältigen" (Mt 16,18).

Feuer

Vom Symbol des Feuers ist in der Bibel wiederholt
die Rede. So erschien Gott dem Mose in der Steppe
beim Berg Horeb in einem brennenden Dornbusch.
Die Flammen schlugen empor, aber der Dornbusch
verbrannte nicht. Als Mose Gott nach seinem Namen fragte, erwiderte dieser: Ich bin der „Ich bin da"
(Ex 3,14).

Am Pfingstfest erschienen den in Jerusalem versammelten Jüngern (Apg 2,1–15) Zungen wie von Feuer.
Sie ließen sich auf jeden Einzelnen von ihnen nieder
und erfüllten sie mit Gottes Geist. Alle waren regel-
recht be-geist-ert und wie verwandelt.

Fisch

Der Fisch ist ein Symbol für
Jesus Christus. Das Wort heißt auf Griechisch Ichthys.
Das sind die Anfangsbuchstaben des griechischen
Glaubensbekenntnisses „Jesus Christus, Gottes Sohn,
Erlöser". In der frühen Kirche ist der Fisch ein Erken-
nungszeichen der Christen gewesen. Heute sehen wir
ihn öfters auf Autoaufklebern abgebildet.

Fischerring

Der Fischerring ist der Amtsring des Papstes und
Symbol päpstlicher Macht. Der Papst bekommt ihn
seit dem 14. Jahrhundert nach seiner Wahl über-
reicht. Der Ringstein beinhaltet neben einem Bildnis
des fischenden Petrus den Namenszug des Papstes.
Nach dem Tod des Papstes wird der Fischerring zer-
brochen.

Hahn

Der Hahn, den wir auf vielen Kirchturmspitzen sehen, ist ein Sinnbild der Wachsamkeit. Er erinnert
uns an Petrus. In der Bibel steht, dass ein Hahn laut
gekräht hat, als Petrus Jesus verleugnete (vgl. Mt
14,66–72). Der Hahn ruft uns vom Kirchturm aus zu:
„Seid wachsam! Haltet treu zu Jesus! Kehrt zu ihm
zurück, wenn ihr ihm einmal untreu geworden seid!"

Himmel

Der Himmel ist ein Symbol (Bild) für die Wohnung Gottes. Darum erzählt Jesus über den Himmel am liebsten in Bildern (Mt 13,31–32). Der Himmel – und damit Gott – ist mitten unter den Menschen. Das heißt: Gott ist uns überall nahe. Er ist besonders dort, wo Menschen einander Liebe und Freude entgegenbringen.

Hostie

Die Hostie ist ein Symbol für Jesus, der sich am Kreuz für die Erlösung der Menschen geopfert hat. Das Wort stammt aus dem Lateinischen und bedeutete ursprünglich „Schlacht- und Sühneopfer". Als ausschließliche Bezeichnung für das „Opferbrot" ist

der Begriff Hostie erst seit dem 9. Jahrhundert üblich. Die Herstellung der Hostien war zunächst den Klerikern vorbehalten. Heute sind meist Frauenklöster mit dieser Aufgabe betraut.

Kerzen

Brennende Kerzen dürfen beim Gottesdienst in der Kirche nicht fehlen. Sie strahlen Wärme aus und bringen Licht in die Dunkelheit. Jesus sagt von sich: „Ich bin das Licht der Welt." Und seinen Jüngern und uns sagt er: „Ihr seid das Licht der Welt." Christen sollen wie brennende Kerzen, d. h. Licht für ihre Mitmenschen sein.

Kreuz

Das Kreuz ist das zentrale Zeichen der Christenheit. Es erzählt von Jesus Christus, der aus Liebe zu den Menschen am Kreuz gestorben ist. Durch seinen Tod am Kreuz hat er uns vom Tod erlöst und den Weg zum Himmel – zu Gott – geöffnet. Auf den Friedhöfen sehen wir Kreuze auf oder zwischen den Gräbern. Bei der Taufe werden die Täuflinge mit dem Kreuz bezeichnet. Kreuzesdarstellungen gibt es vermutlich seit dem 5. Jahrhundert.

Krone/Dornenkrone

Die Krone ist eines der ältesten Herrschersymbole. Das Aufsetzen der Krone gehört seit jeher zur feierlichen Einsetzung eines Königs. Nach biblischer Überlieferung stehen gekrönte Personen in Gottes „Huld und Erbarmen" (Ps 103,4). Wer Gott bis in den Tod treu ist, wird mit dem „Kranz des Lebens" (Offb 2,10) belohnt. Die Dornenkrone weist Jesus in ganz eigener Weise als „König" aus: Von römischen Soldaten ihm als Zeichen der Verachtung und des Spottes aufgesetzt (Mt 27,27–30), zeigt sich Jesus in seinem Leiden als wahrer „Friedenskönig".

Lamm Gottes

Mit dem Lamm Gottes (lateinisch Agnus Dei) ist Jesus Christus gemeint, der durch seinen Tod am Kreuz zur Rettung der Menschen geworden ist. Vom Kreuzestod Jesu sagt die Kirche: „Wie ein Lamm wurde er zur Schlachtbank geführt."
Und in jeder Eucharistiefeier beten (oder singen) Priester und Gläubige bei der Brechung des Brotes zu Jesus: „Lamm Gottes, du nimmst hinweg die Sünde der Welt, erbarme dich unser."

Öl

Öl ist ein Zeichen der Ernährung und Stärkung. Bei Taufe, Firmung, Priester- und Bischofsweihe sowie bei der Krankensalbung wird derjenige, der das Sakrament empfängt, mit heiligem Öl (Chrisam) gesalbt und dadurch mit Gottes Geist und Kraft gestärkt. Das Öl wird vom Bischof einmal im Jahr in der „Chrisammesse" am Gründonnerstag geweiht und dann in die Gemeinden gebracht und in einem wertvollen Gefäß aufbewahrt.

In alter Zeit hat man Könige und Priester mit Öl gesalbt. Diese Salbung verdeutlichte: Du bist von Gott erwählt. Er ruft dich jetzt zu deinem Dienst. So salbte der Prophet Samuel im Auftrag Gottes David zum König von Israel (1 Sam 16,1–13).

(Oster-)Ei

Schon früh sahen die Christen im Ei – Symbol des Lebens und der Fruchtbarkeit – ein Zeichen der Auferstehung Jesu. So wie sich ein Küken aus der harten Eierschale befreit, so ist auch Jesus von der harten Schale des Todes befreit und von Gott zu neuem Leben geführt worden. Seit alters her wurde das Ei als Symbol der Auferstehung von den Menschen gefärbt, zunächst nur in roter Farbe. Das sollte an das Blut Jesu erinnern und an seine Liebe zu den Menschen.

Osterkerze

Die Osterkerze ist ein Sinnbild für den Auferstandenen und steht von Ostern bis Pfingsten im Chorraum der Kirche. In der Osternacht wird diese Kerze feierlich gesegnet und im Exultet (Osterlob) besungen. Sie ist verziert mit einem Kreuz, mit fünf Wachsnägeln zur Erinnerung an die fünf Wunden Jesu, mit der Jahreszahl und mit A und Ω, den Anfangs- und Endbuchstaben des griechischen Alphabets. Das soll heißen: Christus lebt und herrscht vom Anfang bis zum Ende der Zeit.

Pelikan

Der Pelikan ist ein Symbol für Jesus, der für uns am Kreuz sein Blut vergossen hat. Deshalb findet man in Kirchen Darstellungen des Pelikans, der seine Jungen füttert. Eine antike Legende erzählt, dass der Pelikan seine Jungen mit dem Blut aus seiner Brust nährt, wenn er keine Nahrung mehr für seine Kinder findet. Das ist ein Bild für die Liebe Jesu zu uns.

Regenbogen

Der Regenbogen ist ein Zeichen des Bundes zwischen Gott und den Menschen. In der Bibel steht die Geschichte von Noach, wie er in der Arche gerettet wurde. Nach der großen Flut schloss Gott mit ihm einen Bund (Gen 9,8–17). Beim Anblick eines Regenbogens können wir an Gottes Bund mit uns Menschen denken.

Ringe

Ringe sind das Symbol der Bindung, der Treue, der Liebe zueinander. Eheleute stecken sich bei der Trauung gegenseitig Ringe an die Hand und sagen: „Trage diesen Ring als Zeichen unserer Liebe und Treue." Auch Bischöfe, Äbte und Ordensfrauen tragen einen Ring als Ausdruck ihrer engen Bindung an die Kirche.

Schifflein Petri

Schifflein Petri ist ein Symbol für die Kirche. Ihr erster „Steuermann" war Petrus, der von Jesus berufene Fischer vom See Gennesaret. Als Christen sind wir alle auf einem Schiff und fahren über das Meer – bei schönem Wetter und gutem Wind, aber auch bei Gegenwind und Sturm. Und wir alle sollen helfen, dass das Schiff „auf Kurs" bleibt.

Schlange

Die Schlange ist in vielen heidnischen Kulten ein heiliges Tier, im Christentum stellt sie ein Symbol des Bösen dar. Sie versucht, den Menschen zu verführen, damit er sich nicht für Gott entscheidet, sondern nur für sich selbst. Im Paradies verführt die Schlange Adam und Eva, von den Früchten des verbotenen Baumes zu essen: „Ihr werdet sein wie Gott, wenn ihr davon esst", sagte sie (Gen 3,5). Weil Adam und Eva sich verführen lassen, wirft Gott sie aus dem Paradies. Wer Gott gehorcht und sich gegen das Böse entscheidet, kann froher und glücklicher leben.

Teufel

Der Teufel ist ein Bild für die Macht des Bösen in der Welt und in jedem Menschen. Der Mensch kann sich zwischen Gut und Böse entscheiden. Da, wo er Gott und seinen Nächsten liebt, schmilzt das Böse wie Schnee in der Sonne. Wer sich für die Liebe – und damit für das Gute – entscheidet, macht den Teufel – das Böse in sich und in den anderen – machtlos.

Weinstock

Der Weinstock ist ein Symbol für Jesus Christus: „Ich bin der Weinstock, ihr seid die Reben" (Joh 15,5). Das gilt auch für uns Christen. Seit unserer Taufe sind wir eine Rebe, die mit dem Weinstock Jesus verbunden ist.

Nur in Verbindung mit Jesus können wir leben und Frucht bringen. Jesus weist darauf hin, wenn er sagt: „Wie die Rebe aus sich keine Frucht bringen kann, sondern nur, wenn sie am Weinstock bleibt, so auch ihr, wenn ihr nicht in mir bleibt" (Joh 15,4).

Zahlensymbole

Manche Zahlen verbinden Christen mit bestimmten Eigenschaften. Sie sind Symbole, also Zeichen oder Bilder, die etwas verdeutlichen wollen.

Die Zahl Drei zum Beispiel ist ein Zeichen für Einheit, für etwas Abgerundetes und Vollkommenes. „Aller guten Dinge sind drei", sagt der Volksmund. Der heilige Patrick, ein Missionar in Irland, sah in einem normalen dreiblättrigen Kleeblatt ein Symbol für die Heiligste Dreifaltigkeit von Gott Vater, Sohn und Heiligem Geist.

Die Zahl Sieben ist ein Zeichen der Vollkommenheit: Die Woche hat sieben Tage, die Tonleiter sieben

Töne, der Regenbogen sieben Farben. Und die Kirche kennt sieben Sakramente, die uns Gottes Nähe spüren lassen: Taufe, Firmung, Eucharistie, Buße, Krankensalbung, Priesterweihe, Ehe.

Die Zahl 12 steht für Ordnung: Das Volk Israel bestand aus 12 Stämmen. Das Jahr besteht aus 12 Monaten. Und Jesus hat aus seinen Jüngern 12 besonders ausgewählt, die Apostel. Sie haben ihn begleitet und nach seinem Tod seine Botschaft in die Welt hineingetragen.

Die Zahl 40 ist ein Symbol des Übergangs: 40 Tage war Noach mit der Arche unterwegs, bis die Sintflut zu Ende war und Gott einen Bund mit ihm schloss. 40 Jahre zog das Volk Israel durch die Wüste, bis es ins Gelobte Land kam. 40 Tage betete und fastete Jesus in der Wüste. Und 40 Tage bereiten sich die Christen in der Fastenzeit auf das Osterfest vor.